LEJOS

de mi

SOMBRA

BÁRBARA PALACIOS

LEJOS
de mi
SOMBRA

CERCA DE LA LUZ

GRUPO NELSON
Una división de Thomas Nelson Publishers
Desde 1798

NASHVILLE   DALLAS   MÉXICO DF.   RÍO DE JANEIRO

Editora en Jefe: *Graciela Lelli*
Adaptación del diseño al español: *Grupo Nivel Uno, Inc.*

ISBN: 978-1-60255-647-8

Impreso en Estados Unidos de América

12 13 14 15 16 BTY 9 8 7 6 5 4 3 2 1

Contenido

Dedicatoria

He conocido miles de almas en el mundo cuyo espíritu está atrapado en las sombras de su propia oscuridad...

A ellos dedico este libro, porque son muchos quienes necesitan desechar sus propias piedras, deshacerse de sus capas, liberarse de sus trabas y romper sus pesadas cadenas.

Sus historias y sus luchas por sobrevivir en un mundo a veces desvastado y lleno de obstáculos me inspiran siempre a guiarlos para que permanezcan lejos de sus sombras y se acerquen a la Luz...

Introducción

Apenas comencé a caminar por mi jardín, como lo hago todas las noches paseando a mis perritas, cuando me di cuenta, de pronto, que una sombra muy grande se extendía desde el césped hasta proyectarse por encima de una altiva palmera. Mi primera reacción, debo confesarlo, fue de miedo. No entendía de dónde provenía o qué causaba una sombra tan impresionante que ocupaba gran parte del lugar donde me encontraba. Creo que nunca antes había tenido esa sensación al ver una sombra de tales dimensiones, con forma humana, como la que en ese momento estaba frente a mí. Esa sombra aunque no pretendía hacerme sentir diminuta acabó lográndolo; me sentí tan pequeña, casi como si estuviera desprovista de las fuerzas necesarias para defenderme de ella. En aquellos instantes mi reacción fue retroceder para escapar de su presencia, al mismo tiempo que la sombra se hacía más grande llegando a confundirse con el cielo.

A pesar de la oscuridad, la presencia de la sombra destacaba, y se distinguía por la hermosa luz de una luna llena que resplandecía en el firmamento. La luna dejaba ver con detalle las formas de la naturaleza y todo lo que me rodeaba sin necesidad de tener luz artificial. Solo una pequeña bombilla colocada al pie de un arbusto estaba encendida, al reconocerla me di cuenta de que me encontraba muy pegada a ella, a una distancia de un metro aproximadamente. Fue entonces cuando pude entender lo que estaba sucediendo, esa luz estaba chocando con mi cuerpo y producía la enorme sombra que representaba mi figura y hacía que pareciera más alta que una palmera. Eso me hizo recordar que alguna vez en mi infancia soñé con subir a una palmera y divisar desde allí el horizonte. Ahora lo podía hacer con mi propia sombra.

Todo mi miedo y sensación de debilidad desapareció en un instante. Comencé a reír y a jugar con mi propia sombra. Al acercarme se empequeñecía y yo ganaba más altura frente a ella. Si me movía me perseguía y si me alejaba, acercándome a la luz, se hacía más grande y hasta la veía poderosa logrando hacerse tan alta que parecía que rozaba el cielo. Jugué a tocar la luna levantando mi brazo y llevándolo hacia ella, mi sombra entonces copiaba mis acciones y era como si mi mano, dibujada en la sombra, tomara la luna entre los dedos.

Acaricié las nubes que podía ver gracias a la luz de la luna y de algunas estrellas que estaban siendo testigos de aquella noche, y se entrelazaban en mis dedos delineados por la sombra. Esta se desprendía de mi cuerpo y era una extensión de quien yo era en la inmensidad del universo. Esa noche fue una de las más especiales de mi vida, entendí que Dios nos permite ver nuestra propia sombra con una intención. Hay un mensaje que va mucho más allá de la física, mucho más allá de las formas, mucho más allá de lo que vemos con nuestros ojos. Es un mensaje que comprendí con la inteligencia de mi ser interior, el espíritu, que nos da las respuestas cuando estamos conectados con Dios.

Acerca de la sombra se ha escrito mucho a lo largo de los siglos. Los científicos han empleado años de investigación sobre el tema de la luz y la sombra, y por supuesto esto ha producido grandes descubrimientos. Los científicos han descrito la sombra como la consecuencia directa de la propagación rectilínea de la luz. Un cuerpo opaco situado en la trayectoria de la luz impide que esta se propague y crea una zona oscura a la cual se le llama sombra. La luz directa produce sombras en los propios objetos, a estas se las denomina sombras propias y a las sombras proyectadas por los objetos se las conoce como sombras arrojadas.

La sombra es la luz que no llega al suelo o a la pared, porque el objeto o la persona la tapa, los fotones golpean en el objeto iluminándolo, por supuesto no lo atraviesan por lo que por detrás de este no llega la luz. La sombra, en resumen, no es otra cosa que la porción del cuerpo que siendo iluminado, no recibe de forma directa la luz, al encontrarse esa parte del objeto o del cuerpo en oposición al foco luminoso.

En la pintura, la sombra ha jugado un papel importantísimo a través de los siglos. Por mencionar un ejemplo, el arte rococó que floreció en Francia y en Alemania a principios del siglo XVIII y que era en muchos aspectos una continuación de la pintura barroca, destacó sobre todo en lo concerniente al uso de la luz como protagonista y de la sombra como coprotagonista. Por lo general, los pintores en todas las épocas han tenido una fascinación con el uso de la sombra, porque esta junto a la luz, es lo que dota a un dibujo de vida, dándole así visos de realidad. En las pinturas surrealistas el juego de la luz y la sombra es imprescindible para transmitir un mensaje.

Quizás pocas veces pensamos que para un pintor es fundamental estudiar en profundidad como actúa la luz sobre los objetos que desea representar en sus pinturas. Ni tampoco pensamos en la importancia que tiene para un artista, antes de comenzar a trabajar en su lienzo, el conocimiento acerca de cómo se comportan los objetos y las personas, ante las leyes físicas relacionadas con la luz y la sombra. Estas actúan sobre los cuerpos u objetos y hacen que se manifiesten de forma real ante quienes apreciarán las piezas de arte una vez que sean expuestas.

Todo lo que esté sobre la tierra y sea iluminado de forma natural o artificial no escapa de la sombra. Como parte de mi experiencia, cuando he grabado o filmado frente a las cámaras de televisión algún anuncio, he podido observar el trabajo de las personas encargadas de la iluminación. Se pasan horas y quizás días, para iluminar perfectamente a una persona o un escenario. Tratan de evitar cualquier sombra que pudiera entorpecer la imagen deseada. En el teatro, por el contrario, he tenido la oportunidad de disfrutar de magníficas obras, donde el trabajo de las luces y las sombras recrean el ambiente y contribuyen a dar el mensaje con el que el autor quizás soñó para la puesta en escena de su pieza teatral. También, en muchas ocasiones, el uso de las sombras puede ser la interpretación del director que dibuja en cada acto de la obra, su visión de cómo debe verse reflejado el ambiente, asegurando así las emociones que la luz y la sombra producirán en los espectadores.

La luz, aparece con frecuencia en las Sagradas Escrituras y siempre en un contexto de revelación, es indicio y reflejo de la presencia divina. El tema de la luz está presente en forma recurrente en la Biblia. Aparece desde el «primer día» en el relato de la Creación, del libro del Génesis: «Y dijo Dios: Sea la luz; y fue la luz. Y vio Dios que la luz era buena; y separó Dios la luz de las tinieblas» (Génesis 1.3–4). También lo encontramos al final de la historia, en el día sin ocaso que anuncia la luz verdadera de la presencia de Dios. Entre el comienzo y el fin de la Biblia tiene lugar un combate entre la luz y las tinieblas. No es lo mismo identificar las tinieblas con la sombra, aunque en algunas ocasiones se utilice este término para simbolizar oscuridad.

En el Salmo 23, por ejemplo, en el versículo 4, la Biblia nos habla de un viaje por el valle de sombra de muerte. Cada valle oscuro, cada túnel, también tiene una salida en la que podemos encontrar luz. En el Salmo 17, David ora en el versículo 8 diciendo: «Guárdame como a la niña de tus ojos; escóndeme bajo la sombra de tus alas». En este versículo podemos ver como el término sombra se utiliza de una manera positiva, nos habla de refugio y protección.

En los pueblos y ciudades de Latinoamérica encontramos una gran cantidad de refranes que se refieren a la luz y a la sombra como por ejemplo: «El que a buen árbol se arrima, buena sombra le cobija» o «No intentes poner recta la sombra de un bastón torcido». También hay otros que dicen: «A la sombra del nogal no te pongas a recostar» o «El hombre no puede saltar fuera de su sombra». Me acuerdo de otro que dice: «Hasta un pelo hace sombra en el suelo». Hay muchos refranes parecidos a estos, que hacen referencia a la sombra en algunos casos de manera positiva y en otros, dejando la sensación de que la sombra es un lugar de oscuridad del que nos tenemos que apartar.

Dice una leyenda africana que los integrantes de ciertas tribus evitan atravesar un espacio abierto al mediodía por temor a perder su sombra, es decir, a verse sin ella. El hecho de que las sombras se acorten al mediodía, no es suficiente explicación para los miembros de algunas tribus africanas para aceptar que en ese momento del día su sombra disminuye. Por el contrario, lo identifican como una advertencia para no exponerse a la posible pérdida de una parte importante de su ser: la sombra.

Las sombras se relacionan con una parte de nuestros miedos desde que somos niños y a muchas personas el miedo o temor no las abandona incluso en su edad adulta. Esta creencia o temor ancestral viene de tiempos muy remotos, pues tanto la presencia como la ausencia de sombras se relaciona con diferentes ritos y creencias, paganas o religiosas. La palabra «asombro», una reacción que tenemos en muchas ocasiones, se deriva del latín y significa «salir de la sombra». Si pensamos que la sombra es lo contrario a la luz, hay que entender esta acepción como una emoción intelectual que nos saca del desconocimiento y nos brinda «luz» para comprender, aprender o conocer acerca de una situación que estaba «bajo la sombra».

Por todas partes hay luz y sombra, hacia donde miremos nos encontraremos con estos dos elementos. Lo que pasa es que muy pocas veces nos detenemos a ver estas sombras y a observarlas logrando distinguir así la extensión que ocupan, por dónde son más oscuras y por dónde menos, si tienen o no tienen brillos, entre otras características. Todos los cuerpos tienen un volumen y una forma, que percibimos gracias a la sombra, de lo contrario los veríamos planos.

En definitiva, podemos comprobar que la sombra forma parte de nuestra vida en mayor medida de lo que pensamos. Nos sigue, la seguimos sin darnos cuenta, toma formas diferentes dependiendo de la inclinación de la luz, se proyecta sin necesidad de que lo deseemos o no. Tiene vida propia reflejando una parte de nosotros o quizás en muchas ocasiones todo nuestro ser. Me gustaría reflexionar acerca de qué es lo que está reflejando nuestra sombra exactamente, en el sentido emocional y también en el espiritual.

Si bien es cierto que la sombra en las diferentes culturas, en las religiones, en el arte mismo y en la ciencia, tiene un importante significado por su efecto y simbología, no es menos importante que cada individuo pueda darle una certera interpretación a su propia sombra. Cuando la luz está de frente, uno puede ver con claridad lo que la luz está iluminando, pero como revela el conocimiento científico, lo que no recibe de forma directa la luz es porque está en oposición al foco luminoso y por lo tanto se proyecta como sombra.

Al trasladar este concepto al área personal y espiritual, cuando la luz no ilumina esas partes interiores de la personalidad, del carácter, de los sentimientos, de las emociones, todo lo que conforma quiénes somos, no podemos entonces conocer y ver con claridad al ser interior, solo vemos reflejada su sombra. Como dicen algunas personas: «Se nos pasa la vida y no nos conocemos, solo vimos las sombras de nosotros mismos».

Si esto es así, es esencial poder conocer la parte de nosotros mismos que no está «iluminada» con precisión para lograr ver con claridad, qué es exactamente lo que hay allí porque, de lo contrario, solo veremos la sombra que proyecta. No solemos prestar mucha atención a esa sombra, pero contiene un mensaje que tiene mayor importancia de lo que pensamos. Esa sombra estará atada quizás de por vida a nuestra existencia, si no cambiamos la dirección hacia la luz, que la puede iluminar haciendo desaparecer cualquier sombra de esa parte no iluminada de nosotros.

Nos referimos a las cosas negativas que podemos cambiar por positivas. También puede ocurrir que cuando se camina en dirección hacia la luz, haya una sombra que aparece por detrás de nosotros de manera positiva, haciéndose cada vez más grande, no para reflejar lo que no está iluminado, sino para guiar a otros en el camino que deben seguir, amparándolos, protegiéndolos y sirviéndoles de refugio en medio de situaciones difíciles y complejas.

Para lograr esa enorme expansión de la sombra positiva o para disminuir al máximo la sombra negativa, es necesario conocer los aspectos internos que no nos permiten lograrlo, porque con el tiempo se han convertido en piedras de tropiezo para alcanzar el crecimiento personal y espiritual.

Los siguientes capítulos de este libro te permitirán identificar esas posibles piedras y también las capas defensivas, los lastres y cadenas, adheridos al carácter y a la personalidad, que en muchos casos no pueden ser identificados fácilmente, aun cuando forman parte activa de la naturaleza del individuo. También conocerás acerca del daño que esto va causando al temperamento y a tu manera de ser y de actuar, de manera continuada, hasta convertirse en una enfermedad silenciosa que va limitando a la persona impidiéndole progresar, manteniéndola aferrada a su propio ser, a su propia *sombra*.

Esto ocurre cuando ignoramos que únicamente podemos perfeccionar nuestro crecimiento y evolucionar, al acercarnos a la «Luz» que solo Dios puede proyectar a través de cada uno. Así, al contrario de lo que pensamos, nuestra propia *sombra* alcanzará tamaños inimaginables dejando inclusive un «halo» de inspiración, ventajas y beneficios para quienes busquen refugio debajo de esta.

La fuerza de la Luz de Dios, es lo que nos permitirá vernos interiormente con claridad como si se tratase de rayos X. Dejamos entonces evidencia de las diferentes formas y tamaños de «piedras» que posiblemente llevamos adheridas por muchos años, como consecuencia de las malas experiencias no superadas en la vida, por la falta de conocimiento de la Palabra de Dios, por el efecto de tradiciones y enseñanzas que se convierten en mitos en la historia personal de cada individuo, o por la herencia genética que traemos con nosotros.

Como verás, querido lector, le podemos dar a nuestra propia sombra dos importantes funciones, una consiste en cambiar lo que *no* nos da provecho por cosas que sí lo dan, disminuyendo así la sombra negativa a casi nada, como sucedería al mediodía bajo el sol, donde la sombra está bajo tus pies. La otra función es ampliar, acercándonos a la luz, las cosas que dan sentido a nuestra otra sombra, la positiva, que puede llegar a ser gigante. Esto se traduce de manera importante en una mejora de nuestra calidad de vida interior.

También servirá de ayuda para otros de muchas maneras positivas, ya que podrán nutrirse e inspirarse con nuestro ejemplo tratando de continuar hacia delante en la tarea de ser cada día mejores personas. Si esto se cumple porque logramos inspirar a otros con la sombra positiva, aunque sea a una sola persona, podremos entonces decir que la sombra que refleja nuestro ser es, sin lugar a dudas, nuestra mejor aliada.

CAPÍTULO 1

Arropado en tu sombra

Algunas personas sienten que son o han sido como debían y muchas veces no se dan la oportunidad de verse a sí mismas de una manera diferente, más positiva, porque consideran que no lo necesitan, aunque en el fondo de su ser algo les dice que sería necesario cambiar o mejorar.

Otras personas sí se dan cuenta de que su forma de ser les causa problemas, por lo tanto, tienen la intención o el deseo de trabajar con sus reacciones emocionales, su manera de comportarse con los demás, o su forma de manejar las situaciones en el trabajo, pero no saben cómo ni por dónde comenzar. Su buena intención se convierte en solo un deseo flotando en sus mentes y no logran materializar el cambio. Estas dos posiciones nos reflejan que la persona, en cualquier caso, se queda estancada en sí misma sin lograr avanzar. Es lo que podríamos denominar «quedarte arropado en tu sombra».

El ser humano permanece arropado en sí mismo, porque a pesar de los siglos que lleva sobre la tierra no conoce a fondo su naturaleza humana. Desconoce muchas veces sus extraordinarias capacidades para lograr una vida más estable y acorde con las realidades que enfrenta. A veces, no logra alcanzar mejores relaciones con las demás personas o una mayor armonía con su familia. Por otra parte, sus propósitos para lograr los objetivos de su trabajo se quedan en un constante intento, pero sin propuestas claras y precisas para obtenerlos. Y su satisfacción personal y su optimismo sepultados en la sombra de su propio ser.

Muchos de los problemas que padecemos en la vida o las piedras que tenemos como obstáculos para el avance vienen, en la mayoría de los casos, de la educación recibida y de la herencia genética. En la niñez se pueden adherir a la persona minúsculos fragmentos que con los años se convierten en piedras. Esas piedras se van fijando cada día más sin que nos demos cuenta y empiezan a formarse así sombras, las negativas, que arropan nuestro ser. Las piedras más comunes que contribuyen a proyectar la sombra negativa son: la comparación, las excusas, el negativismo, la victimización y la indolencia.

Primera piedra: la comparación

Una de esas piedras que muchas veces nos acompaña durante toda la vida, es la comparación. Las personas desarrollamos la tendencia a compararnos con los demás. Puesto que crecemos en grupo y desde nuestro propio núcleo familiar convivimos en grupo, parece algo muy natural. Vemos la vida en función de un número determinado de personas que nos rodean desde que somos niños. Es usual, por ejemplo, que una de las primeras referencias que adquiramos sea la de establecer comparaciones con nuestros hermanos. Aunque no pasé en lo personal por esa experiencia porque crecí en una familia muy pequeña y no tuve hermanos de padre y madre, sí pude comprobar que entre primos existen algunas circunstancias competitivas desde pequeños, que les lleva a hacer comparaciones entre ellos. Al final, se producen resentimientos, tristezas y hasta ciertos enfrentamientos. Las piedras de las cuales hablo en este libro están compuestas por fragmentos negativos que uniéndose entre sí forman entonces las «piedras de tropiezo» que obstaculizan el logro del crecimiento personal.

Fragmentos negativos: sentimientos de inseguridad, envidia y subestimación propia

A lo largo de los años, he observado una tendencia en las personas a caer en comparaciones y a detectar defectos en otras personas a priori, que luego se convierten en motivo de críticas, divisiones y conflictos en los ámbitos del colegio, la universidad, en el trabajo, en la comunidad o en diversos grupos sociales. En muchos casos estas comparaciones son el resultado de inseguridad, envidia y subestimación propia, al reconocer en otros atributos y talentos que quienes realizan la comparación no tienen. Estas personas sufren creyendo que son otros individuos los que tienen talentos y habilidades y no se dan cuenta de que ellas mismas también tienen los suyos, que quizás muchos desearían tener.

Es así, como los seres humanos desarrollamos esta tendencia al olvidarnos de que cada uno de nosotros somos creaciones únicas de Dios. Somos creados con un sello singular que no puede ser copiado con exactitud. No podemos ser clonados y al ser únicos marcamos diferencias, pero diferencias positivas en nuestra naturaleza interna. Por lo tanto, no es necesario hacer comparaciones que producen sentimientos insanos y que nos conducen a la insatisfacción y la competencia impidiendo la convivencia y el bienestar.

Fragmento negativo: no reconocer tus talentos

Cada ser humano es único e irrepetible, como mencionábamos anteriormente, y para cada uno existe un plan de vida particular. Aunque nuestra vida resulte a veces similar, cada historia personal es propia y única. En el transcurso de nuestra existencia y desde muy pequeños, nos caracterizamos por desvelar talentos y dones, a veces, de una manera sorprendente. Dentro de ese contexto algunos seres humanos se enfocan en perseguir sus objetivos mediante la utilización de sus talentos. Mientras que otros, se dejan llevar por la vida sin llegar a reconocer los talentos que trajeron al mundo ni tampoco se dan cuenta de los enormes beneficios que estos podrían aportarles a ellos mismos y a otras personas.

Podemos observar como algunas personas viven sin tener muy en cuenta sus características más relevantes, las cuales pueden constituir la clave estratégica para cumplir con el propósito esencial de su vida en el mundo, siempre y cuando las pongan de manifiesto y se utilicen correctamente. Más aun, puede ser que este reconocimiento les proporcione la verdadera razón de su existencia y que signifique la diferencia entre vivir una vida intensa y estar solo de paso por la vida, sin encontrar un profundo significado a su existencia.

El primer paso para comprender las razones y los fundamentos que nos ayudarán en nuestra vida es reconocer los talentos y dones naturales. Conseguir respuestas a las preguntas: ¿Para qué soy verdaderamente bueno? o ¿Cuál es mi misión primordial en el mundo en que vivo?

Recibimos orientación para poder evidenciar y desarrollar ciertas características personales desde pequeños a través de la experiencia escolar. Hemos revivido esas experiencias con nuestros hijos o con los de familiares y amigos y podemos identificar en qué destacan, es decir qué los define. Hay personas que son buenos comunicadores, otros sobresalen por querer siempre ayudar, otros en los deportes, a algunos les gusta la pintura, otros ejercen un liderazgo natural, etc. Hay una relación proporcional entre el reconocimiento y la atención que le brindas a tus talentos y dones y el propósito primordial en tu vida, que se reflejará en el logro de mayores y mejores metas en tu existencia diaria.

Reflexionar sobre nuestras desventajas o puntos débiles es una tarea importantísima y esencial en el camino del crecimiento personal. Los seres humanos, en general, no ponemos en práctica la autoevaluación, y durante la vida obviamos o subestimamos la tarea de reconocernos como personas con talentos, atributos, y también defectos, debilidades y hábitos mal adquiridos.

No es fácil mirarnos a nosotros mismos con profundidad. Hay muchas cortinas que se interponen en el proceso y que no permiten esa introspección. También puede haber muchas razones que encontramos o que no conocemos para emprender un camino de transformación interna, ya que no disponemos normalmente de las herramientas para hacerlo y no nos sentimos equipados para lograr los cambios necesarios.

Fragmento negativo: dejarse dominar por los puntos débiles

Conocer nuestros puntos débiles también es fundamental. Así como la soga se rompe por su parte más delgada, podemos perder en un segundo grandes oportunidades y correr riesgos de consecuencias inimaginables. En otras palabras, cuando permitimos que los puntos débiles nos dominen, dejamos de lado nuestra genuina identidad, olvidando quiénes somos verdaderamente y cuál es el sentido de nuestra vida.

Existen diversas investigaciones realizadas a nivel internacional de las universidades y en empresas, que giran en torno a la necesidad de reconocer nuestras debilidades. Estos estudios demuestran que el ser humano trata de invertir todo su potencial en mejorar sus deficiencias y, por el contrario, no invierte el tiempo necesario en desarrollar sus fortalezas. Estamos todos de acuerdo en que es importante fortalecer lo que está débil y aprender siempre a mejorar lo que se puede corregir. El problema es que muchas veces nos desviamos al no prestar atención a las capacidades que ya traemos al mundo de manera natural y al no tener en cuenta, que las fortalezas que están allí dentro de cada uno de nosotros, deben ser utilizadas de manera eficiente y coordinada.

En diferentes estudios acerca de cómo el ser humano utiliza o no sus fortalezas de manera eficaz, se ha llegado a conclusiones que muestran la importancia de comprender a qué debemos dedicarle tiempo y esmero para sacar el mayor provecho de las fortalezas individuales. En primer lugar, diversos estudios indican que las personas que se enfocan en sus fortalezas tienen, de forma diaria, una probabilidad seis veces mayor de conseguir un trabajo adecuado para utilizar su potencial. En segundo lugar, tienen una probabilidad tres veces mayor de disfrutar de una mejor calidad de vida.

Es vital concentrarnos en identificar dichas fortalezas en el carácter, en las emociones, en el espíritu y en los talentos personales; lo increíble de esto es que muchas de ellas son evidentes desde la niñez a través de las capacidades innatas y de la actuación de cada individuo.

Es importante también resaltar que el concepto de «fortaleza» como tal, ha estado envuelto en todas las circunstancias que el ser humano ha tenido que enfrentar desde el comienzo de la humanidad. Podemos decir que es parte de la historia y de todas las hazañas realizadas por el hombre a través de los años. La fortaleza en la doctrina cristiana es una virtud que consiste en vencer al temor, asegurando la firmeza en las dificultades y en la constancia de perseguir el bien.

Cuando por la complejidad de las diferentes situaciones que vivimos nos cansamos de seguir perseverando, el mantenernos enfocados en nuestras fortalezas nos permite ver la realidad con mayor claridad, a pesar del cansancio. Si nos enfocamos bien, estaremos más preparados para la batalla de cada día logrando así una ejecución más brillante.

Cuando nos esmeramos en enfocarnos en nuestras fortalezas logramos mayor seguridad en nosotros mismos. Esto nos permite tener una actuación definida y firme en cada situación que necesitemos enfrentar. La seguridad es el resultado de conocernos más cada día, es el proceso de saber quién soy y a dónde puedo llegar. Por eso es importante que meditemos en cuáles son nuestras fortalezas y que consigamos trabajar más con estas, logrando pulirlas como un diamante.

El diamante tiene un gran valor, pero hasta que no ha sido pulido no se puede conocer cuál es su valor real. Tú eres un diamante puro y traes contigo muchas capacidades y fortalezas. Tu trabajo consiste en buscar e identificar cuáles son y enfocarte en sacarles el mayor provecho sin compararte con nadie.

Aparte de tus fortalezas, cualidades y destrezas, como ser humano tienes una imagen con voz propia. Pocas veces entendemos la importancia de eso para sentirnos más seguros de quiénes somos, apreciar cómo somos y no dejarnos arropar por la sombra negativa de la comparación. Cuando me refiero a la imagen no estoy señalando la belleza implícita en ésta, porque hay personas bellísimas físicamente que reflejan una imagen pésima de sí mismas y por lo tanto, sienten que carecen de la seguridad necesaria para enfrentar la vida misma. El término imagen va mucho más allá de la típica relación que hacemos asociándolo con el concepto de belleza. La imagen está por encima de la subjetividad estética y de los estereotipos culturales. La imagen tiene voz por sí misma, dejando así el reflejo o la fotocopia de la persona en la mente de otros, con quienes nos relacionamos a través de la imagen. Es parecido a dejar un perfil o un concepto global de uno mismo; es en definitiva nuestra carta de presentación.

Es por eso que todas las personas necesitamos hacer un análisis detallado para definir la mejor forma de presentar nuestra imagen en nuestra vida cotidiana. Para empezar, lo primero es saber quiénes somos, y aceptar que no somos perfectos, aunque no nos agrade del todo cómo somos físicamente. Es importante esmerarnos en proyectar lo mejor de nosotros mismos en cualquier etapa o periodo de la vida en que nos encontremos. Digo esto, porque el ser humano está en un cambio constante y en un crecimiento continuo, por lo tanto, no podemos pretender trasmitir la imagen de una persona de otra edad cuando no hemos alcanzando esa fase, ni en años ni en experiencia. Por otra parte, no es conveniente brindar una imagen equivocada de uno mismo tratando de imitar o de emular a otras personas, porque de una manera u otra la falta de autenticidad se notará siempre y como consecuencia solo reflejarás la sombra negativa de tu ser.

Fragmento negativo: dejarse dominar por las críticas no constructivas

Es vital concentrarse en las fortalezas propias y basarse en estas para proyectar seguridad en uno mismo. Aunque no hallemos motivación en el mundo a nuestro alrededor para hacerlas notar. Hay casos donde las personas se sienten criticadas por cómo son, lo que puede producir un impacto muy negativo, y hacer que los individuos busquen a veces ser como otros, a toda costa, olvidándose de ser quienes verdaderamente son, copiando estereotipos que en vez de ayudarlos a proyectar lo mejor de sí mismos por el contrario, dejan salir a flote a otros tipos de personalidades y de características, que nada tienen que ver con la persona original.

Cuando recibimos críticas debemos identificar de quién o de quiénes vienen. En algunos casos estas críticas pueden ser constructivas pero en otros casos no. Por eso, es fundamental analizarlas antes de sentirnos heridos por las mismas y no permitir que estas críticas puedan dominar el carácter. La verdadera fuerza de la imagen viene de la interioridad del ser humano y poco tiene que ver con su aspecto externo, sin embargo, ocurre que a medida que la persona tenga más seguridad y aceptación de sí misma en relación con su cuerpo, su aspecto exterior va asumir una mejor presentación.

Somos un todo, cuando una parte de nosotros no está bien eso se refleja de muchas maneras. La ciencia, hoy en día, confirma que muchas enfermedades tienen su origen en cómo tratamos con nuestras emociones y resalta los efectos negativos que estas pueden tener destruyendo todo a su paso o por el contrario ejerciendo resultados positivos al ser controladas y limitadas en su acción.

Por otra parte, la imagen de una persona no solo refleja su seguridad o el respeto por sí misma sino también el respeto a los demás. El proyectar una buena imagen es símbolo de respeto a los otros. Saber estar, saber conducirnos, saber ser en toda su amplitud, es inspiración para otros aunque esa no sea la intención original.

La buena imagen no es solo lo exterior, la fachada, como muchos pretenden de forma reduccionista. La buena imagen habla de tu ser interior, de quién eres en verdad y se convierte en un halo de positividad que cautiva a muchos. La buena imagen abre puertas, convierte situaciones difíciles en situaciones más llevaderas o en oportunidades de cambio y te conduce por un camino de mayor bienestar.

La seguridad que refleje o manifieste tu buena imagen te permitirá considerarte capaz y tendrás deseo de actuar en forma consistente y apropiada a las situaciones del vivir diario. A través de la seguridad alcanzarás el poder para convencerte de tus propias capacidades y cualidades, al mismo tiempo que aprenderás a reconocer tus limitaciones. Todo esto implica un proceso que trabajarás personalmente y te permitirá obtener beneficios tales como: desarrollar aptitudes y mantener relaciones de calidad con los demás.

Los miedos, las percepciones equivocadas, así como también la adopción de ciertos estándares, patrones o malos hábitos, algunos provenientes de la educación recibida, crean en la existencia de algunas personas inconvenientes para el creci-miento y la reafirmación de la seguridad en uno mismo. No obstante, te animo a hacer un replanteamiento de la carencia que puedas experimentar de seguridad en ti mismo(a), como un paso vital en la reconducción de tu vida y para plantar tu propio árbol de la seguridad personal. En la medida que crezca tu seguridad en ti mismo(a) se comenzará a desintegrar poco a poco la piedra de la comparación que quizás llevas cargando por mucho tiempo.

Disminuye al máximo la sombra negativa de la piedra de la comparación

Para que puedas disminuir al máximo la sombra negativa de la piedra de la comparación, es importante tomar en cuenta las siguientes reflexiones y ponerlas en práctica desde hoy mismo:

1. Aprende a conocerte y saber de ti más que de los demás.
2. Aprende a quererte con tus limitaciones.
3. Aprende a poner por delante tus destrezas y fortalezas.
4. Aprende también a sacarle partido a tu físico con lo que tienes, de forma sana, sin pretender ser otra persona.
5. Aprende que lo mejor de ti está en tu corazón.

6. Aprende que Dios te hizo a su imagen y semejanza, puso en ti muchas cosas buenas, encuéntralas, úsalas para tu bien y para el bien de otros.

7. Aprende que tu buena imagen es una herramienta para proyectar la seguridad en ti mismo.

8. Aprende a identificar tus fortalezas y haz una lista de las mismas.

9. Aprende y analiza cómo puedes optimizarlas.

Para conocer tus puntos débiles y mejorarlos toma en cuenta las siguientes reflexiones:

1. Cuando te analizas a ti mismo tomas conciencia de tus puntos débiles.

2. Recibe críticas constructivas de personas de tu entorno. Abre tu corazón y toma en cuenta sus comentarios y las veces que un punto débil se manifiesta.

3. No tomes los comentarios adversos, hiriéndote a ti mismo por tu susceptibilidad. Sé objetivo(a) y percibe el sentido de lo que te manifiestan.

4. Acepta lo que te señalan y plantéate transformar esas realidades.

5. Agradece lo que te manifiestan, eso dice mucho del aprecio de las personas de tu entorno y de la manera en que se preocupan por ti.

6. Elabora un esquema y establece las prioridades en el control de tus debilidades.

Otras reflexiones para deshacer la piedra de la comparación:

1. Recuerda siempre que fuiste creado de una forma única, así como tus huellas digitales son únicas, así eres como ser humano. Fíjate en el reino animal, por ejemplo, en las cebras. Cada una nace con un diseño único de rayas en su piel, ninguna se parece a otra. El hecho de que seas único no significa que no puedas evaluar o analizar cómo son las otras personas y qué tienes en común con ellas. La forma en que percibes sus talentos, cualidades y también sus debilidades, te permitirá aprender y también comprender cómo son otras personas. El ser humano es una fuente de inspiración perfecta para otros, pero no busques hacer un ejercicio de comparación destructivo para ti y para los demás.

2. Desecha cualquier sentimiento de envidia y animadversión. Cuando pensamos en la vida de los demás, creemos inmediatamente que ha sido fácil, que es ideal y que en definitiva lo pasan mejor que nosotros. Es una percepción totalmente equivocada, pues no nos imaginamos sus problemas, sus obstáculos y sus

frustraciones. Cuando pensamos que todo lo han tenido a su favor, podemos generar un sentimiento de egoísmo, antipatía y envidia. Rechaza esos sentimientos.

3. Necesitas una visión por encima de las circunstancias, mirando hacia adelante y no hacia los lados. Sácale el mejor provecho al equipamiento que Dios te ha dado y trata de competir contigo mismo para ser mejor cada día. No celebres la desgracia ajena. Todos tenemos caídas. En la ley de la vida, cada ser humano enfrentará sus momentos de prueba. No te conviertas en un juez del infortunio de los demás, aun cuando pienses que lo merecen.

4. No fomentes la competencia entre tu familia, no promuevas entre ellos una guerra para alcanzar resultados o sobresalir más que ellos. Estarás sembrando la semilla de la separación y la hostilidad familiar, creando heridas difíciles de sanar. Ten presente que las referencias que tomes de otras personas deben siempre servirte para inspirarte positivamente, para ser mejor y que buscas crecer en integridad personal y bienestar espiritual.

5. Recuerda que existe una regla para el bienestar. En la medida que utilices correctamente tus dones y talentos consolidas tu propósito de vida. Hay que

prestar mucha atención al uso apropiado de tus cualidades. Puede ser fácil confundirte y utilizarlas de manera inapropiada causándote daño a ti mismo y a los demás.

6. Conseguir centrarnos o enfocarnos es una herramienta fundamental para utilizar al máximo tus dones y talentos. En la mayoría de los casos tus habilidades especiales se convierten en beneficios al servicio de los demás o en fuente de inspiración para otros. Es importante que lo tengas en cuenta, porque allí estableces un compromiso y una conexión social de primer orden.

7. Es necesario reconocer los talentos, pero también es muy importante comprender cómo utilizarlos y por qué utilizarlos para lograr un equilibrio personal. Nunca será tarde para sacar lo mejor de ti. Si tus talentos naturales fueron poco reconocidos o si te ha costado a ti mismo reconocerlos, siempre estarás en un momento excelente para hacerlo, nunca es tarde.

8. Ten presente que los factores o fragmentos que forman la piedra de la comparación son: sentimientos de inseguridad y envidia, la subestimación propia, el no reconocer los talentos que tienes, el dejarte dominar por tus puntos débiles y por las críticas no constructivas.

Recuerda que tienes la oportunidad de aprovechar al máximo quién eres y todo lo que traes contigo. Tus talentos y dones son bendiciones, utilízalos y acércate a Dios, pídele que te ayude a deshacer la piedra de la comparación para así disminuir al máximo tu sombra negativa, como en un mediodía radiante de LUZ.

¡Adelante guerrero(a), tú sí puedes!

Segunda piedra: las excusas

Muchas personas llevan una vida llena de excusas que no les permite crecer y desarrollarse como individuos comprometidos, responsables y orientados al logro de metas en su experiencia. Estos casos desafortunados los podemos encontrar en miembros próximos de nuestra familia, en amigos, en compañeros de trabajo y, en general, en cualquier ser humano. La regla de vida de estas personas se fundamenta en asimilar y desarrollar un amplio abanico de justificaciones en relación con los desafíos, compromisos, responsabilidades y propósitos de su vivir diario.

Son personas que viven presas de sus excusas, muy a su pesar y al de los integrantes de su entorno, y por lo tanto no alcanzan los objetivos indispensables para disfrutar de una vida más equilibrada y cumplir con las demandas de las diferentes etapas de la vida. Normalmente, estas personas no concluyen sus estudios, no mantienen relaciones estables, no consiguen el trabajo adecuado, no crecen como individuos. Pareciera entonces que flotaran en el tiempo y en el espacio, alimentándose de una conducta que se convierte, con el paso de los días, en un hábito de vida pésimo, al permitir que los fragmentos negativos que esto produce se unan formando una piedra enorme y pesada que proyecta una sombra negativa de la persona que la carga.

Pero, ¿qué causa tal condicionamiento en esas personas? Es interesante revisar algunas de las causas.

Fragmento negativo: la carencia de la responsabilidad personal

En primer lugar, observamos que las razones que originan esta carencia pueden relacionarse con el hecho de que estas personas fueron educadas de forma incorrecta, en un contexto donde se le otorgaba a la excusa un protagonismo excesivo. Conocí muy de cerca el caso de alguien, que a pesar de formar parte de una familia de padres responsables, buenos y trabajadores, fue educado sin un refuerzo adecuado del sentido de la responsabilidad personal. Tampoco se le inculcó el valor de la disciplina, el compromiso y la solidaridad. Al final, debido a su favorable situación económica familiar, llegó a ser el típico caso del joven que se transforma en un adulto viviendo con excusas constantes. Representa al adulto que se convierte en una persona mayor con un historial de metas incumplidas, despropósitos, frustraciones y resentimientos, debido a que no logró centrarse y optó por usar las excusas como un hábito, para no enfrentar con responsabilidad y valentía los actos de su vida.

Fragmentos negativos: la inmadurez, la apatía, la falta de compromiso y la pérdida del deseo de luchar

En segundo lugar, nos podemos referir a las personas que aunque recibieron una esmerada educación y se les trasmitieron valores y creencias importantes, se acostumbraron a llevar una vida caracterizada por la inmadurez, la apatía y la falta de compromiso para el cumplimiento de sus metas y propósitos. Este es el caso de quien prefiere, por motivación propia y de forma equivocada, una existencia sin deseos de comprometerse y se muestra indiferente o considera innecesario actuar de forma responsable. Su vida diaria está llena de excusas para no crecer y le resulta indiferente cumplir con las etapas de la vida, por lo que acepta su situación como un estilo de vida fácil.

En tercer lugar, a veces tratamos con personas que por circunstancias difíciles en su experiencia de vista, pierden el deseo de luchar para obtener resultados, alcanzar sueños y llevar una vida con un compromiso razonable. Son personas que llegan a desanimarse, de tal manera, que bloquean a través de las excusas todo tipo de realizaciones personales. Es el caso de alguien que experimenta muchas caídas de las cuales no logra levantarse y se considera incapaz de conducir su vida y completar ciclos, asumir competencias, escudándose en las derrotas sufridas. Para esta persona, que se considera una víctima, cualquier excusa será válida.

De esta forma vemos cómo algunas situaciones que los llevan a adoptar las excusas como parte fundamental de su estilo de vida, se manifiestan en la vida de los individuos. Pierden así la oportunidad de alcanzar logros importantes para su crecimiento personal y generan al final de la jornada un gran cúmulo de frustraciones, desencuentros y fracasos para ellos mismos y para los demás.

Una persona que vive continuamente con la piedra de las excusas, lamentablemente, no conoce el significado de la superación personal. La superación no llega con el tiempo, el simple deseo o la motivación, requiere muchas acciones, entre ellas la planificación eficaz del camino que se quiere seguir, el esfuerzo diario para caminar y perseverar sin mirar atrás.

La vida está llena de oportunidades, saber aprovecharlas y obtener los frutos deseados es lo que define los objetivos de cada individuo. Se habla mucho de la excelencia personal y del éxito, pero en gran parte, estos objetivos se enfocan solo en la solución de los problemas y en el logro de una posición económica importante. Todo esto se queda corto en comparación con la importancia que debe tener la superación personal, porque la verdadera superación no está representada en la cantidad de logros alcanzados sino en la calidad de los mismos.

La superación personal es el valor que motiva a la persona a perfeccionarse a sí misma, en lo humano, espiritual, profesional y económico, venciendo los obstáculos y las dificultades que se presenten, desarrollando así la capacidad de hacer mayores esfuerzos para lograr cada objetivo.

Muchas personas hablan constantemente de los planes que quieren hacer realidad, sin embargo, muchos de esos planes se quedan tan solo en palabras, en deseos, porque según ellos, hay dificultades y contratiempos no previstos que les impiden concretar sus objetivos. En ocasiones, la superación personal no conlleva beneficios materiales o no cumple con los requisitos que establecemos.

A veces, rechazamos oportunidades porque suponen poco incremento económico o un nivel profesional bajo, cuando nos podrían haber aportado una gran cantidad de experiencias, relaciones y conocimientos, ayudándonos con nuestra superación personal y con el logro de otros objetivos que más adelante nos permitirían seguir progresando.

La estabilidad y la seguridad que representa permanecer por mucho tiempo en un mismo lugar como pueden ser: el empleo, ciudad, colegio, etc., hace que la posibilidad de cambio nos produzca temor a lo desconocido, cerrándonos al planteamiento de nuevos retos con una motivación y una actitud positivas. Aunque los recursos económicos y materiales son necesarios, no debemos identificar la superación personal con la acumulación de los mismos. Es importante entender que existen otros aspectos prioritarios que toda persona debe atender.

La superación personal se encuentra en la persona misma y no en los bienes materiales. Jóvenes y personas mayores son capaces de hacer realidad sus sueños, solo necesitan de la automotivación, dejando a un lado la tristeza, la falta de aspiraciones y el conformismo. Las posibilidades de superación personal son innumerables, pero si no se lleva a cabo un plan, posiblemente se caiga fácilmente en el desánimo. Siempre existirán obstáculos, no obstante la verdadera superación personal consiste en afrontarlos y, ante estos, cobrar nuevas fuerzas para seguir el camino. Como bien sabemos nada es fácil en esta vida, todo lo que vale la pena requiere perseverancia y también mucha paciencia para lograrlo, alejándonos de la vanidad y la soberbia.

Disminuye al máximo la sombra negativa de la piedra de las excusas

1. Las excusas y justificaciones repetidas y recurrentes llegan a formar parte de tu vida y a caracterizar un estilo de vida con mayores tendencias al fracaso.

Comienza hoy mismo la búsqueda de la superación personal.

2. Los seres humanos debemos orientarnos a utilizar nuestros dones y talentos para sacar lo mejor de nosotros. Cualquier excusa para no hacerlo, nos apartará del camino del crecimiento personal.

3. No importa de dónde provienes, ni de qué forma fuiste educado, no importa los reveses de tu vida. Ninguna excusa tendrá mayores ventajas que las que se derivan del gran beneficio de enfocarte en tu vida y llevar a cabo el propósito por el cual Dios te puso en este mundo.

4. Las mayores fuentes de inspiración en cualquier época de la historia, las han legado personajes con su coraje y entrega en el logro de sus sueños y propósitos, sin usar las excusas como escudo.

5. Si vives atrapado en las excusas, envejecerás con la certeza de no haberte realizado en las diferentes etapas de tu existencia. Cuando estés en el umbral de la tercera edad y del final de la vida, será muy tarde para reconocerlo.

6. Una vida plena, es una vida de realizaciones. Aunque no siempre se alcancen los resultados deseados, disfrutarás mucho más de tu vida si logras transformar tu abanico de excusas y justificaciones en una gestión adecuada de retos y oportunidades.

7. Cuando evites usar las excusas como estilo de vida, aumentará tu confianza, tu seguridad en ti mismo y alejarás el temor de tu vida. Dios siempre tiene un plan maravilloso y si interpretas su propósito, perfeccionarás tu experiencia de vida.

8. En el terreno profesional no basta con lo que hemos aprendido, necesitamos continuar en la búsqueda de un aprendizaje mayor para mejorar nuestras capacidades. No dejes que las excusas te paralicen.

9. En el ámbito espiritual, que descuidamos con mucha frecuencia, es necesario buscar el conocimiento de la Palabra y ponerla en práctica a través de una relación cercana y personal con Dios.

Ten presente que los factores o fragmentos que forman la piedra de las excusas son: la educación recibida donde se le dio mucha importancia a la excusa, la inmadurez, la apatía, la falta de compromiso y la pérdida del deseo de lucha.

Recuerda siempre que es posible hacer un esfuerzo extra para alcanzar la superación personal. Acércate a Dios y pídele que te ayude a deshacer la piedra de las excusas, para así disminuir al máximo tu sombra negativa como en un mediodía radiante de LUZ.

¡Adelante guerrero(a), tú sí puedes!

Tercera piedra: el negativismo

Muchas personas se arropan con una fuerte negatividad y se les hace muy difícil desprenderse de ella. En algunos casos los individuos no se dan cuenta y en otros casos llegan a considerarlo como algo normal y justificable en sus vidas por las situaciones tan adversas a las que se han enfrentando durante mucho tiempo. En la carrera de la vida subimos y bajamos constantemente. Sin embargo, en los tiempos en que nos toca descender podemos encontrar períodos adversos que nos afectan de una manera aplastante. Podemos convencernos de que nada positivo vendrá a nuestras vidas, sintiéndonos vacíos, sin fuerzas, sin fe y por lo general sin ninguna esperanza de que el panorama cambie.

Hay diferentes causas que pueden originar que una persona cargue con la piedra de la negatividad. En muchas situaciones esta piedra comienza a formarse durante la niñez. Existen familias que ven la vida a través de un vidrio opaco y oscuro, y que influencian a sus hijos para que contemplen sus vidas de la misma manera, sin percatarse del gran daño que esto les ocasionará.

Además, muchas personas atraviesan situaciones muy difíciles que determinan de manera intensa su capacidad de ver algo positivo a su alrededor. Estas personas quedan marcadas de por vida por la adversidad y sin deseos muchas veces de empezar de nuevo o de optar por darle a su existencia un aroma de positividad. Entre algunas de esas situaciones se encuentran: la muerte de un ser querido, la terminación de una relación de pareja o de familia, la enfermedad, la cárcel y la ruina económica. Por lo general, algunas de estas causas aisladas o combinadas, producen en los seres humanos inmensos sentimientos de dolor, de pérdida, de descontrol y especialmente de desesperanza, originándose entonces la formación de la piedra de la negatividad. En algunas ocasiones, trasladarán la negatividad a todas las facetas de la vida, siendo entonces arropados totalmente por esta.

Aunque las circunstancias que rodean la adversidad lleguen a nuestra vida por motivos justos o injustos; en otras palabras, aunque seamos responsables o no de lo que nos ocurra, los seres humanos tenemos el derecho a nuevas oportunidades que nos permitan reparar, replantear y reconducir nuestras vidas, aprendiendo de las fatalidades que nos ocurran y transformando esos hechos en fuentes de aprendizaje y de maduración espiritual. Sin embargo es fácil analizar las situaciones que se presentan, lo tremendamente difícil para las personas es salir adelante, superarse y encontrar las fuerzas necesarias para enfrentar la vida con esperanza y optimismo.

Fragmento negativo: la adversidad no superada

Cuando no superamos la adversidad la convertimos en un factor que contribuye al proceso de formación de la piedra de la negatividad. Este factor es como un fragmento de piedra que impide el paso a las personas afectadas hacia una actitud positiva. Así como hemos aprendido a esperar buenos momentos y épocas de cosecha, es necesario entender que tendremos que vivir épocas de sequía y asumir con decisión la forma de emprender nuevos rumbos y de conducirnos en nuevos escenarios.

La vida presenta siempre un menú de opciones. Esto quiere decir que aunque creas que todo está perdido y no puedas contemplar un nuevo amanecer con optimismo, el sol saldrá al día siguiente y muchas veces, de forma inesperada, obtendrás resultados o encontrarás formas para comenzar a superar lo que estés viviendo. Los puentes que te conectarán con otras calles y avenidas están ahí, algunos hay que identificarlos, otros debes cruzarlos.

Cuando la adversidad llega, hay que ejercitar el espíritu y fortalecerlo, aprender a mirar por encima de las circunstancias y adoptar una visión que se enfoca en lo que viene después. Tratar de identificar lo que sigue, para no sentirte paralizado, abrumado, deprimido o negativo ante el futuro. Es una reflexión en la que nos decimos a nosotros mismos: «Aquí me encuentro, sin embargo es allí donde debo y voy a estar», porque al asumir lo que estás padeciendo debes hacerlo con el conocimiento de que estás en movimiento y que el camino no termina en donde te encuentres posiblemente ahora.

La adversidad trae consigo sentimientos encontrados y pensamientos negativos, como el de la culpabilidad. Lo importante es cómo batallarlos en tu mente y en tu espíritu, sabiendo que también forman parte del proceso y que los debes combatir. Algunas fórmulas interesantes son recordar con entusiasmo las victorias alcanzadas, y los logros emblemáticos en tu vida. Otras, te llevan a valorar las oportunidades que has tenido, quién eres y a quién tienes contigo. También es posible realizar actividades de servicio y de apoyo a otros seres humanos que atraviesan situaciones similares. Te sorprenderán las historias y te darás cuenta de que siendo útil aprendiste de las experiencias de otros.

Es imprescindible pensar que la adversidad te pondrá a prueba, no solo una vez. Esta prueba sirve para medir tu capacidad de supervivencia y reforzar sentimientos y emociones importantes que definan tu carácter. La gente común y los grandes líderes de la historia tuvieron vidas difíciles y hasta crueles; sin embargo, enfrentaron la batalla y se enfocaron en luchar con valentía para no ser aplastados por otros ni por ellos mismos.

Al confrontar la adversidad, debes buscar ayuda y analizar lo que te ocurre teniendo en cuenta otras perspectivas y otras experiencias. Los problemas y los sentimientos ante las crisis, cuando son bien compartidos, se perciben de otra forma y a partir de ahí te sorprenderás con el menú de opciones y con los puentes que podrían conectarte con otras realidades, muchas veces inesperadas. Los períodos adversos requieren un plan de acción, y no simplemente «acción». Es importante clarificar algunas metas y propósitos en la nueva etapa de gran complejidad que estés viviendo.

Los valores familiares y los amigos verdaderos son elementos claves para tu recuperación. Comunícate sinceramente y obtendrás más apoyo del que creías posible. Lo más importante siempre, por encima de todo, será tu fe. La manera como abras tu corazón para recibir las bendiciones de Dios, tu cercanía a Él te hará más fuerte. Tendrás mayor determinación en todos tus actos y desarrollarás una visión clara y positiva.

Las pruebas abren canales para la gracia divina a través de la conexión con Dios y hacen que pongas tu vida en sus manos y permitas que Él tenga el control total. Es entonces, cuando podrás observar que estarás más cerca de alcanzar un nuevo nivel, en la seguridad de que toda situación Dios la utilizará para bien.

Fragmento negativo: el resentimiento

Otro factor que se convierte en un fragmento que ayuda a la formación de la piedra de la negatividad es el resentimiento. Muchas personas que sufren esta condición en su vida y que lamentablemente padecen sus consecuencias, se convierten en individuos derrotados y sin capacidad para enfrentar la vida en su justa dimensión. Para estas personas, vivir con el signo del resentimiento significa una vida dominada por la amargura, la tristeza y la desesperanza. Los resentidos flotan en su existencia privados de la verdadera libertad de vivir y compartir, más aún, el resentimiento en estas personas es una especie de azote para ellas mismas y para quienes les rodean.

El resentimiento lo podemos entender como un estado particular en el que, como consecuencia de ciertos eventos y circunstancias negativas o difíciles, percibimos la vida y expresamos sentimientos y actitudes desde un ángulo pesimista, conflictivo, intolerante y eminentemente negativo. La persona resentida demuestra una falta de optimismo constante hacia sí misma y hacia los demás, inconformidad y desequilibrio consigo misma y con quienes la rodean, provocando en sus relaciones cotidianas conflictividad y aislamiento. El resentimiento no lleva por buen camino a quienes lo padecen, todo lo contrario es territorio fértil para llevar una vida poco gratificante y recorrer un camino hacia el futuro lleno de incertidumbre.

La vida estará siempre caracterizada por diversos acontecimientos y hechos, como ya hemos mencionado, que constituyen, sin lugar a dudas, grandes pruebas. Nuestros valores espirituales, nuestro carácter y determinación, son fundamentales para superar esos obstáculos y mantener un ritmo de vida aceptable y equilibrado en la búsqueda permanente del bienestar y del crecimiento personal.

En definitiva, tenemos por una parte, la vida como tal y sus avatares y vicisitudes; por la otra, nuestra disposición integral y el reto para superar pruebas tales como los fracasos sentimentales, la maldad, la envidia, la traición y en general los daños a los que estamos expuestos, bien sea por responsabilidad o culpabilidad nuestra o no. Contamos con nuestra actitud personal, nuestros valores espirituales y algunas herramientas útiles.

Desde este punto de vista debemos identificar dos conceptos básicos: el perdón y la aceptación. Como señalo en mi libro *La belleza de saber vivir*, el perdón es tomar la decisión de no castigar a tu agresor, aunque reconozcas que has sido ofendido, decidiendo más bien transferir el caso, como lo haría un juez a otra jurisdicción, a la justicia divina que solo Dios ejerce. Esto te desata y te permite experimentar una genuina liberación emocional y personal.

En mi primer libro definíamos la aceptación como una especie de pasaporte para reconocer la realidad, aunque no nos guste. Debemos asumir la realidad y enfocarnos hacia el cambio con humildad y paciencia. Una parte esencial de la preparación espiritual se basa en interpretar y transformar situaciones y consecuencias adversas para obtener un beneficio posterior. Este beneficio se logra a través de la experiencia, por más dura que sea, y está representado en el aprendizaje y en la fortaleza. Todos los seres humanos, ricos, pobres, profesionales, miembros de la realeza, líderes políticos, miembros de iglesias, todos sin excepción, estamos expuestos a pruebas difíciles, pérdidas, decepciones, tragedias, traiciones y desencuentros. No existen grupos o individuos con el privilegio de no pasar por pruebas duras e incomprensibles.

El resentimiento es una condición que convertimos en un hábito y secuestra nuestra visión sobre la vida. De esta manera nos anula, nos paraliza y subestimamos nuestra experiencia de vida obviando aspectos como el optimismo, la esperanza, la justicia, la solidaridad y las nuevas oportunidades. Aunque existan sobrados motivos para el sufrimiento personal, es fundamental concebir al dolor como un maestro y no como un elemento de represión y castigo. Por más motivos evidentes que existan, siempre habrá más y mejores razones para plantearse una vida de superación y transformación personal.

El perdón es una herramienta clave en la sanidad personal y es importantísimo para seguir adelante y pasar la página, dejando ciertos pasajes de tu vida en el pasado. La aceptación te conduce a entender las cosas que suceden a tu alrededor, y que siempre puedes volver a interpretar y reinterpretar. Para superar el resentimiento hay que hacer el ejercicio de mirar hacia adentro y cambiar las bases sobre las que se fundamenta el resentimiento, curar heridas con el pensamiento de que vienen tiempos mejores, de manera que lo que siempre ocupará el primer lugar en tu vida será, tu fe. La convicción de que Dios tiene un plan y un propósito únicos para ti y que solo con su luz encontrarás fortaleza, conocimiento, esperanza y optimismo. La clave, para cada persona que lo busca en cualquier momento de su existencia y bajo las circunstancias que sean, es ponernos en sus manos misericordiosas y llenas de amor.

No olvides que el resentimiento azota el alma y que el resentido llega a aborrecer la vida misma. Es como un virus que se apodera de ti, nubla tu porvenir y oculta tu verdadera belleza: la de tu corazón positivo y entusiasta.

Fragmentos negativos: la ira y la frustración

En cuanto al corazón, es importante tener presente que a lo largo de nuestra vida, nuestro corazón se convierte en un generador de sentimientos hermosos, pero también puede actuar como un acumulador de sentimientos poco positivos. Sin darnos cuenta, muchas veces, lo vamos llenando de resentimientos, pero también de ira y de mucha frustración, que son otros dos factores que como fragmentos propician la formación de la piedra de la negatividad.

En la vida experimentamos circunstancias inesperadas, también situaciones en el plano afectivo, que conllevan impactos emocionales muy duros para nuestros sentimientos. Yo diría que para los seres humanos, en ambos casos, resulta imposible esquivar tales situaciones o circunstancias, ya que vivir equivale a experimentar «vivencias», que la mayoría de las veces, están atadas a nuestros sentimientos y a los de otras personas con las que estamos vinculados, en ocasiones hasta límites impredecibles.

También ocurre que convivimos con personas que forman parte de nuestro núcleo familiar y en estas relaciones experimentamos circunstancias difíciles por falta de entendimiento, incompatibilidad, etc. En otros casos se trata de relaciones de amistad o relaciones afectivas de pareja, que nos llevan a abrir nuestro corazón para dar lo mejor de nosotros mismos pero, en algún momento, la relación se deteriora generando una ruptura con efectos adversos para nuestros sentimientos.

Todas las personas deseamos disfrutar de nuestras relaciones con plenitud y armonía. Perseguimos como objetivo establecer conexiones duraderas y con buenos resultados. No obstante, la realidad nos indica que en un alto porcentaje de casos no funciona así. El índice de divorcios que nos muestran las estadísticas en el ámbito mundial es muy alto. Observamos también a menudo, separaciones y divisiones de todo tipo en la sociedad en que vivimos.

Pareciera que nuestra sociedad se dirige más hacia la desunión que hacia la unión. Más hacia el despropósito que hacia un propósito común en las distintas esferas del comportamiento humano. Mientras tanto, nuestro corazón se comporta como un acumulador de experiencias que traen consigo sentimientos que es necesario depurar. En otras palabras, el corazón es una máquina que requiere de mantenimiento, de limpieza, para que funcione mejor y rinda al máximo siempre. Los sentimientos contaminados forman la piedra de la negatividad que al final se convertirá en la proyección de una sombra, la negativa. Esta, con su fuerza puede arropar de por vida a la persona que no se acerque a la luz, que podría iluminar su ser y darle una nueva vida para continuar su camino.

Disminuye al máximo la sombra de la piedra de la negatividad

Para que puedas disminuir al máximo la sombra negativa de la piedra de la negatividad, es importante tomar en cuenta las siguientes reflexiones y ponerlas en práctica desde hoy mismo:

1. Una parte esencial de la preparación espiritual se basa en interpretar y transformar situaciones y consecuencias adversas para obtener el beneficio posterior. Este beneficio se logra a través de la experiencia, por más dura que sea, y está representado en el aprendizaje y en la fortaleza.

2. Todos los seres humanos —ricos, pobres, profesionales, miembros de la realeza, líderes políticos, miembros de iglesias—, todos sin excepción, estamos expuestos a pruebas difíciles, pérdidas, decepciones, tragedias, traiciones y desencuentros. No existen grupos o individuos con el privilegio de no pasar por eso.

3. El resentimiento es una condición que convertimos en un hábito y secuestra nuestra visión sobre la vida. De esta manera nos anula, nos paraliza, llegando a subestimar nuestra experiencia y obviando aspectos como el optimismo, la esperanza, la justicia, la solidaridad y las nuevas oportunidades.

4. Aunque existan sobrados motivos para el sufrimiento personal, es fundamental concebir al dolor como un maestro, y no como un elemento de represión y castigo. Por más motivos evidentes que existan, siempre habrá más y mejores razones para plantearse una vida de superación y transformación personal.

5. El perdón es una herramienta clave para la sanidad personal y es importantísimo para seguir adelante y pasar la página, dejando ciertos pasajes de tu vida en el pasado.

6. La aceptación te conduce a entender las cosas que suceden a tu alrededor, y que siempre puedes volver a interpretar y reinterpretar.

7. Para superar el resentimiento hay que hacer el ejercicio de mirar hacia adentro y cambiar las bases sobre las que se fundamenta el resentimiento que posiblemente sufres, curar las heridas con el pensamiento de que vendrán tiempos mejores.

8. Abre un espacio definido en tus pensamientos en relación con tu presente y tu futuro. Incluye la sección: ¿Qué viene ahora? Repasa lo bueno que está pasando y define mentalmente lo que está por venir. Como decimos en inglés: «What's next?», ¿qué sigue?

9. Bloquea los pensamientos negativos asociados al pasado. Un buen método es utilizar la frase: «Esto forma parte de la historia». Almacena esos pasajes históricos en esta sección para el olvido. Y solo recuerda aquellos segmentos que te sirvieron de experiencia y de aprendizaje. Toda situación es diferente y necesitamos enfrentarla con fortaleza y optimismo.

10. Considera seriamente que tu vida es como la de todos, con altos y bajos. Celebra en tu recuerdo tus victorias, recuérdalas constantemente y revívelas con inmensa alegría y agradecimiento.

11. Revisa tus logros y enfócate en lo que te falta por recorrer para llegar a dónde quieres. Seguramente te faltará menos de lo que piensas.

12. Agradécele a Dios, por tu vida, por lo bueno y por lo malo. Agradece a tu familia, a tus amigos, a tu comunidad por tu presente. Un espíritu lleno de gratitud colma la vida de plenitud y esperanza.

13. Cuando enfrentes situaciones difíciles, no veas en tu mente una película de terror; piensa por el contrario, que todo se supera. Cambiando tu forma de ver las cosas y las circunstancias, cambias la forma en la que estas te podrán afectar o impactar.

14. Recuerda: tú sí puedes ser una persona optimista, inténtalo. No olvides que el resentimiento te azota el alma. Y que el resentido llega a aborrecer la vida misma. Es como un virus que se apodera de ti, nubla tu porvenir y oculta tu verdadera belleza: la de tu corazón.

15. La limpieza de tu corazón debe ser un hábito en tu vida. Mientras más nítido se encuentre, mayores beneficios aportarás a tu vida. La armonía, la paz espiritual y la solidaridad representan algunos de los valores que te servirán de base para lograr un mayor bienestar.

16. Bloquea la tendencia a pensar mal y a predecir negativamente los resultados de tus actuaciones o de lo que esperas alcanzar. Al levantarte, en el contexto de tus oraciones, pídele a Dios, confianza y desarrolla la

motivación en ti mismo, identificando mentalmente logros y aciertos.

17. No te desanimes en el camino, no dejes de avanzar, no renuncies, aun cuando te sientas en contra de la corriente. Contabiliza tu avance y celebra tus logros para desarrollar tu crecimiento espiritual.

18. Comparte con los demás tu visión espiritual orientada hacia el logro, para así animar a otros a construir una plataforma de expresiones positivas y de optimismo a pesar de las circunstancias. Las expresiones optimistas son alimento para tu creatividad personal, para tu seguridad y para fortalecer los ideales y el propósito para el cual Dios te ha creado.

19. Mantente inspirado, optimista y con sentimientos esperanzadores. Combate los sentimientos de perdedor que el subconsciente almacena. Cierra las puertas al pesimismo.

20. No olvides que el tiempo de Dios es absolutamente perfecto y que la perseverancia y la paciencia son dos excelentes aliadas en el proceso de saber esperar los buenos momentos.

Ten presente que los factores o fragmentos que forman la piedra de la negatividad son: la adversidad no superada, el resentimiento, la ira y la frustración.

Recuerda que tu ser interior es optimista, lo que sucede es que muchas veces nos dejamos arropar por lo negativo que nos sucede. Acércate a Dios y pídele que te ayude a deshacer la piedra de la negatividad, para así disminuir al máximo tu sombra negativa como en un mediodía radiante de LUZ.

¡Adelante guerrero(a), tú sí puedes!

Cuarta piedra: la victimización

Si bien en la vida somos conscientes de las diferentes situaciones difíciles a las que posiblemente estemos expuestos, también es cierto que los seres humanos no estamos tan preparados para enfrentar y minimizar estados de ánimo negativos que nos conducen a la tristeza, la inacción, la depresión y hasta la victimización. A menudo comparo la vida con una montaña rusa, existe un constante subir y bajar. Sin embargo, es curioso que nos enfoquemos en los ascensos, y carezcamos de herramientas para comprender los trayectos en los que inexorablemente descendemos, a veces a velocidades estrepitosas y con consecuencias inesperadas.

Es imprescindible que nos equipemos y preparemos para entender estas bajadas, como parte de la vida misma, especialmente en el marco de un mundo inmerso en un conflicto global, y generar dentro de nosotros respuestas a los estados emocionales que tanto nos pueden afectar en momentos determinados.

Fragmento negativo: estados de ánimo adversos

Generalmente el estado de ánimo que la gente se esfuerza más en combatir es la tristeza. Como todos sabemos, la tristeza o el pesar, logra envolver a las personas, aislándolas. Pierden el interés por disfrutar y se reducen las fuerzas para concentrarse en nuevos propósitos. Otra condición muy común que afecta al estado de ánimo de la persona es la preocupación. La preocupación produce estados de ansiedad, temor y angustia.

Como consecuencia de la tristeza y la preocupación aparecen condiciones que afectan la salud mental del individuo y hasta lo llevan a manifestar síntomas de enfermedades en su organismo. Las personas que los sufren pueden reconocer que padecen estos estados de ánimo en algún momento de sus vidas, en cambio no ocurre así con la victimización. Hay pocas personas que son conscientes de esta condición, ya que creen que el hecho de haber sido víctimas de situaciones difíciles, penosas, humillantes y abusivas, les otorga el derecho a no desprenderse de su condición de víctimas para siempre. Aunque la situación de la que fueron objeto haya quedado en el pasado y haya sido superada.

Fragmento negativo: desconocer las bendiciones y carecer de amor propio

Es muy normal encontrarse con personas dentro del entorno familiar, entre los amigos y hasta dentro del grupo de compañeros de trabajo, con las que no se puede entablar una conversación sin que, constantemente, desempeñen el papel de víctima. Estas personas no se plantean la posibilidad de disfrutar, no reconocen las bendiciones que tienen, aunque sean apreciadas y visibles para otros a su alrededor.

Pareciera que estas personas no valoraran las cosas positivas que tienen o que pasan en sus vidas, a pesar de que las disfrutan de alguna manera, pero apenas sin darse cuenta. Por otro lado, si alguna vez las valoran y reconocen es solo en su intimidad, ante los demás necesitan mostrarse como víctimas activas, porque son reflejo de su propia victimización.

En algunos casos, lo hacen para que las personas con las que se relacionan las tengan más en cuenta, ya que no se sienten queridas y a menudo carecen de amor propio. Estos individuos creen que solo así podrán llamar la atención y en efecto así ocurre, porque sus amistades o familiares llegan a conmoverse por la situación de la persona victimizada y demuestran entonces su amor y compasión por ella creándose un círculo vicioso en estas relaciones.

También sucede que la persona que vive siendo presa de la victimización, considera muchas veces, de manera inconsciente, que esa es la única manera de decirle al mundo lo sufridas que han sido y desean convencerse y convencer a los demás, de que por esa condición deben ser tratadas de manera diferente, casi como personas enfermas. En cierta manera lo son, porque esta lamentable condición enferma el alma.

A las personas que viven como víctimas les gusta que no se les tenga en cuenta la forma en que se comportan ni cómo hablan o se expresan acerca de sí mismas y de los demás, porque han sufrido mucho y por lo tanto la vida les debe algo. Solo se relacionan a través del sufrimiento y la tristeza por lo que ocurrió en sus vidas y no importa cuánto tiempo haya pasado, lo tienen cada día más presente y continúan sufriendo.

Es importante entender que hay situaciones muy duras que les suceden a muchos seres humanos todos los días y que es muy difícil recuperarse de algunas de estas situaciones. A veces, se lleva una pena en lo hondo del corazón durante toda la vida, pero no por ello, se debe trasladar ese sufrimiento a todas las facetas de la vida creyendo que nada bueno ocurrió, ocurre o pudiera ocurrir en sus vidas, en un futuro próximo.

Fragmento negativo: falta de autoestima

Muchas personas permanecen en la victimización porque continúan siendo víctimas activas al permitir que otros individuos abusen de ellas constantemente. Los abusadores o maltratadores, invalidan la capacidad de tomar decisiones de sus víctimas por lo que no pueden romper con ese círculo vicioso, destructivo y muy doloroso para el individuo que lo sufre. Un ejemplo es la violencia doméstica. Una realidad en muchos hogares en el mundo, con cifras muy altas en los países latinoamericanos, que afecta negativamente a muchas personas sin distinguir sexo, edad ni condición.

La violencia doméstica es un tipo de abuso que se origina en algún miembro de la familia como consecuencia de excesos en el temperamento y que se materializa en acciones cargadas de violencia, tanto física como verbal. La violencia doméstica viene acompañada de agresiones tales como golpes, sometimiento físico y heridas que atentan contra la integridad de las personas.

Los insultos, improperios y amenazas verbales, también son una manifestación violenta y abusiva ya que ofenden y someten a los individuos logrando lesionar su autoestima, coaccionando su voluntad y su libertad como ser humano. Los maltratadores son personas que desarrollan una convivencia disfuncional y se debaten entre la agresión, la depresión y la manipulación, aunque por temporadas manifiesten un deseo de estabilidad y coherencia. No obstante al final de la jornada son personas que crean un ambiente cargado de desarmonía, caos y tristeza.

Estas situaciones pueden producirse en la vida de una posible víctima desde la niñez. El niño o la niña han crecido sin ninguna referencia sobre su autoestima y sin la valentía necesaria, como adultos, para no permitir que nadie más en su vida familiar pueda volver a abusar de ellos.

En la sociedad actual, la presencia del maltrato y el abuso son significativos, y nos encontramos casos en los que los afectados nunca denuncian al agresor asumiendo su papel de víctimas, en muchas ocasiones, durante toda la vida. Estas personas incluso llegan a morir a manos de sus agresores, quienes acaban con sus vidas, rematándoles, como consecuencia de su agresión, violenta y constante.

En algunos países más avanzados en lo que respecta a la protección de los derechos humanos, los abusos verbales son considerados, junto con las agresiones físicas, como un maltrato que se incluye dentro de la violencia doméstica y se definen claramente como abuso emocional. Sin embargo, en la mayoría de los países latinoamericanos los abusos verbales no se consideran como tal, sino más bien se les justifica como debilidades de la persona que se manifiestan en arranques de mal humor, temperamento recio o problemas de carácter. En cualquier caso, es más serio de lo que pudiera parecer a primera vista y representa un problema en la vida de muchas personas, que no es fácil de solucionar y que produce consecuencias graves y perjudiciales.

Muchas veces la violencia doméstica se genera en relaciones previas al matrimonio o a la convivencia formal de la pareja. Lo que sucede es que la persona afectada, subestima este tipo de conducta de algún miembro de su familia o de su pareja y de alguna forma legitima este comportamiento que empeora con el transcurso del tiempo y que puede tener consecuencias muy graves.

En algunos casos, estas desviaciones de conducta se consideran como peculiares del carácter de una persona y se interpretan como parte de la personalidad a la que otras personas deben acostumbrarse. También es usual encontrar casos en los que las personas afectadas se enganchan en una relación enfermiza de dependencia con el agresor y se acostumbran a ser abusadas, en un círculo vicioso donde el agresor pide perdón una y otra vez. El agresor descubre una especie de satisfacción en el sometimiento de su víctima y convierte en un hábito el abuso a su víctima. Nunca debemos considerar que ser abusado física o emocionalmente es algo normal. Todo lo contrario, es una situación irregular que puede traernos consecuencias extremadamente negativas y daños irreparables.

Fragmento negativo: sentimientos de culpa

La violencia doméstica en muchos casos se convierte en un estilo de vida y genera confusión al mismo tiempo que bloquea emocionalmente y llega a paralizar. Otra de las consecuencias es que puede producir un sentimiento de culpa que involucra a la víctima, lejos de ayudarla para buscar una solución, la sume más y más en la victimización.

Ante los casos de violencia doméstica es muy importante obtener asesoría adecuada y ayuda profesional, tanto para la persona que la genera como para quienes sufren sus efectos. Nada ni nadie, justifica este tipo de abuso, por lo tanto, no se puede de ninguna manera excusar. Ni padres ni hermanos ni siquiera tus hijos, serán un motivo suficiente para exculpar al agresor.

Si este es tu caso o conoces a alguien pasando por una situación similar, es importante entender que, si consideras que corres riesgo personalmente o existe riesgo para la vida de otros, hay que acudir a los organismos competentes. Dichos organismos pueden emitir medidas de protección para ti y para los tuyos. Recuerda, Dios nos creó para que tuviéramos relaciones armoniosas con las personas que nos rodean, si eso no sucede, reconoce abiertamente que algo anda mal y busca soluciones. No seas ni un día más víctima de la violencia familiar.

Disminuye al máximo la sombra negativa de la piedra de la victimización

Existen circunstancias que se presentan en la vida y no las podemos cambiar, aun así, debemos encontrar instrumentos para enfrentarlas. Por eso te animo a tener en cuenta las siguientes reflexiones:

1. Considera que la vida te traerá circunstancias, obstáculos, cambios y problemas para que los enfrentes, no para que te conviertas en una víctima de ellos.

2. Plantéate examinar y reflexionar profundamente sobre las causas y las consecuencias de las circunstancias que vives en el presente y analiza qué puedes hacer sin miedos y sin demora.

3. Considera que hay circunstancias en las que no puedes identificar las causas o que pueden ser fortuitas y de las que, por lo tanto, no eres responsable.

4. Genera dentro del contexto de las circunstancias, actitudes positivas que contribuyan a mejorar la situación por la que estés atravesando. Coloca un *STOP* de inmediato, cuando sean abusivas. Detener o denunciar una situación abusiva no solo es un derecho, es un deber.

5. Hay que tener siempre en cuenta que aunque una persona tenga vínculos familiares muy estrechos, y haya tenido o padecido situaciones de injusticia, dolor y sufrimiento muy intensas, ninguna razón justificará el hecho de que se convierta en un maltratador de otras personas.

6. Como adultos no estamos obligados a aceptar una convivencia hostil ni a mantener una relación subordinada, a soportar la falta de respeto y de armonía, aunque sea con personas de nuestra misma familia.

7. Cuando nos damos cuenta de que una persona no ejerce un control razonable de su conducta y de que su descontrol es creciente, es imprescindible recurrir a un especialista para establecer el tratamiento adecuado y para aprender cómo debemos conducirnos en esa situación.

8. Muchas de estas personas disfrutan al desestabilizar la vida de otros. No puedes caer en ese juego pues pierdes confianza, equilibrio y enfoque.

9. La objetividad debe estar por encima de la susceptibilidad y de la culpabilidad. Herir tus sentimientos y sentirte derrotado no contribuirá a enfrentar la situación. Recuerda siempre que, en primera instancia, la otra persona necesita más ayuda que tú.

10. Ante circunstancias difíciles y realidades duras, tenemos que desarrollar un sentimiento de solidaridad y comprensión para ayudar a la otra persona, a nosotros mismos y a nuestra familia. El objetivo primordial es contribuir a la superación de una situación no deseable.

11. Tu grado de contribución puede generar un poder de transformación en alguien que necesita un cambio. Aunque no lo creas, esas personas sufren más de lo que te imaginas. Tu ayuda será clave, y bien dirigida, no comprometerá ni tu dignidad ni tu autoestima, ni tampoco esto te obliga a volver a convivir o a tratar con esa persona.

12. No agredas, no culpes a otros ni a Dios. No te victimices ni tampoco te hagas la pregunta ¿por qué yo?

13. Por último, entrégale todo a Dios; tu dolor, tus temores, tu sufrimiento. Recuerda, Dios lo puede todo y te puede dar la fortaleza para soportar los momentos en que las circunstancias te golpean. Dios te dará la valentía para salir de situaciones difíciles, para no seguir siendo víctima ni un día más, ni de ti mismo ni de nadie.

Ten presente que los factores o fragmentos que forman la piedra de la victimización son: los estados de ánimo negativos, no reconocer las bendiciones que se han tenido y se tienen en el presente, carecer de amor propio o de la autoestima necesaria y por último los sentimientos de culpa.

Recuerda que Dios nos ama y nos quiere libres de toda victimización, entrégale solo a Él tus dolores y tristezas. Él te dará a cambio la libertad para continuar sin las ataduras que produce la victimización, logrando así que tu vida tome un nuevo rumbo donde la armonía será la protagonista.

Acércate a Dios y pídele que te ayude a deshacer la piedra de la victimización, para así disminuir al máximo tu sombra negativa como en un mediodía radiante de LUZ.

¡Adelante guerrero(a), tú sí puedes!

Quinta piedra: la indolencia

Fragmentos negativos: la falta de valores
y el individualismo

La vida, como todos sabemos, se ha convertido en una jornada de eventos, desafíos y retos para el ser humano. La dinámica del vivir diario y los extremos bajo los que el orden económico y social impone a los individuos las condiciones de la vida actual, reflejan un estilo de vida que muchas veces nos aleja de nuestros valores y principios más preciados. Somos testigos y también actores de situaciones que nos insensibilizan y nos apartan del camino de la solidaridad, del compromiso social y de la participación responsable que la convivencia en sociedad nos debe inspirar.

Es una paradoja que el desarrollo y las ventajas de la tecnología puedan convertirnos en seres humanos más individualistas, que evitan el sentimiento de formar parte de un grupo. Esto nos lleva a ser personas aisladas y no asociadas, y nos dirige por un sendero que nos hace sentir desprendidos del mundo y desconectados de las personas, de sus necesidades y de la inmensa contribución que podríamos hacer. El mundo sería muy diferente si cada uno de nosotros nos uniéramos en una jornada de integración, de sensibilización y de atención a quienes nos rodean.

Fragmentos negativos: la indiferencia, pereza e insensibilidad

El virus de la indolencia encuentra entonces el espacio y las puertas abiertas para entrar en nuestra existencia y guiar nuestros pasos. Nos sentimos atrapados en un mundo en el que las necesidades, los problemas e incluso las tragedias dejan de importarnos. La indolencia se inicia con una actitud de indiferencia y neutraliza las emociones llevando a las personas a no prestar ninguna atención a hechos y circunstancias que afectan la vida de otras personas, incluso las de su propia familia. La indolencia provoca un estado de paralización y produce una falta constante de atención y cuidado en el nivel personal y material.

Según el diccionario, *indolencia* significa «falta de esfuerzo o dedicación para la realización de las tareas necesarias o prescritas». El indolente es una persona perezosa. Otras definiciones indican que es una persona que no se afecta o que no se conmueve, que no le duele lo que pasa ni lo que ocurre a su alrededor, que es insensible e indiferente.

En la antigua mitología griega, Ergía era la divinidad que personificaba la indolencia y la pereza. Habitaba junto a la quietud y el silencio y también junto al sueño. Se la describía como un ser somnoliento, en medio de telarañas y reflejaba cierta aversión al trabajo.

En la actualidad vemos que la indolencia desnaturaliza al ser humano y es un ingrediente para cultivar el egoísmo y promover la injusticia en los grupos sociales. Es, en muchos casos, un germen para la apatía, la insensibilidad, la crueldad, la corrupción y el avance de la criminalidad. Nos aleja del disfrute de la vida y del propósito esencial de llevar una vida enfocada hacia el bien común.

En la familia, como núcleo esencial de la sociedad, también notamos el efecto de este terrible virus. Como consecuencia de las murallas que los integrantes de una misma familia construyen, a causa de la indolencia, se desarrolla como una epidemia una fuerte desintegración que acaba con el sentido propio de unión que debe tener el grupo familiar.

Fuera del contexto de la familia, es usual encontrar indolencia en las actividades laborales, en la política, en el área de la educación, y hasta en actividades benéficas. Esto supone diferencias, desencuentros e incompatibilidades entre las personas. La indolencia social incluye ser indiferente ante el sufrimiento de una o más personas o de una comunidad, por supuesto, se hace casi imposible el logro de objetivos comunes y el aumento de organizaciones de gran importancia para la sociedad.

Fragmentos negativos: actitudes y sentimientos contaminados

¿Qué es lo que puede convertir a una persona en indolente? Principalmente el individualismo y el egoísmo que los seres humanos traen consigo, por lo que aparece, en algunos casos, de forma natural. Algunas hipótesis apuntan a que el egoísmo o un individualismo excesivo tienen una base genética. Otras, en cambio, conciben la indolencia como algo adquirido a partir de actitudes, sentimientos negativos y condicionamientos aprendidos en la niñez dentro del núcleo familiar.

No obstante, la indolencia le roba la armonía a la vida y por lo general, crea un escenario de incompatibilidades, circunstancias irreconciliables y despropósitos lamentables que no proporcionan ningún tipo de ventaja a la humanidad.

Debemos admitir que los seres humanos no somos todos iguales, y que aunque nos definamos con respecto a otros de forma única, con diferentes posicionamientos y puntos de vista, podemos perfectamente establecer condiciones de convivencia beneficiosas, fundamentadas en la concordia, el bien colectivo y la solidaridad.

Aunque la indolencia sea adquirida a través de la genética conformando la personalidad del individuo o por los condicionamientos aprendidos en la niñez, desde mi punto de vista, la manera de combatirla es a través de la claridad de la mente y del espíritu. Una de las cosas más significativas para la vida de las personas es llegar a desarrollar una mente clara y bien estructurada. Sin embargo, muchas veces notamos que las personas que desean alcanzar este nivel de claridad en su mente, no toman en cuenta la necesidad de contar con un espíritu y un corazón sólido y comprometido con un propósito de vida esencialmente positivo.

En síntesis, para lograr desenvolvernos mejor en la vida personal, necesitamos una mente despejada y alimentada en base a las vitaminas y proteínas que provienen del espíritu. Es así como en nuestro interior sembramos las semillas que nos permiten moldear nuestras características y establecer paradigmas, patrones de conductas y pensamientos, en un proceso de crecimiento y de renovación constante, con el gran objetivo de convertirnos en mejores personas cada día.

La integridad representa un elemento fundamental en el proceso de crecimiento interior del ser humano y es clave para sentar las bases del desarrollo espiritual. Es, sin duda alguna, un valor extraordinario que nos alienta a la práctica de la justicia, el respeto, la fidelidad, las buenas relaciones, la ética, el liderazgo, los buenos sentimientos y el servicio hacia los demás. Una vida íntegra potencia grandes cualidades, da lugar a mejores pensamientos que producen una mente transparente y fiel a las raíces del espíritu y del corazón.

Aunque la vida corra muy de prisa y la tecnología imponga nuevos patrones en el comportamiento del ser humano, nunca las valores espirituales pueden ser minimizados u obviados en la vida de cada individuo. Es necesario apartarse del error de dejarse llevar por la corriente. Es vital tomar el tiempo para fortalecer los pensamientos, renovar conceptos y reafirmarlos tomando en cuenta el propósito de vida.

Es entonces cuando el espíritu y la mente, estarán alineados en la medida en que se ejerza un control saludable y haya equilibrio entre lo que se cree y lo que se piensa. Cuando existe este equilibrio, nuestras acciones coinciden, de forma proporcional, con nuestros pensamientos y creencias.

La disciplina nos ayuda a no cometer grandes locuras en la vida, que podrían contribuir a que la persona se transformara en indolente ante las circunstancias que vive o viven otras personas que le rodean. Un espíritu sano conectado con Dios origina una mente sana, lo que conduce hacia una motivación continua con el deseo de vivir una vida más integral.

Es necesario tener cuidado con los mensajes que defienden, que las personas debemos buscar la felicidad por encima de todo y hacer lo que nos apetezca, sin restricción o equilibrio. Está claro que la libertad es esencial para las personas, pero se necesita un equilibrio. No estamos en el mundo para actuar como se nos antoja, cuándo queremos y cómo queremos.

Necesitamos una sintonía, una educación espiritual y un comportamiento acorde con nuestros valores espirituales.

La claridad de mente, debe estar comprometida con buenos propósitos para ti y para los demás. Es por eso que el individuo debe considerar la dignidad y la integridad como su columna vertebral. Las personas que han sido célebres y aún después de muertas continúan siendo un ejemplo para la humanidad, demostraron tener mucha claridad de mente y al mismo tiempo valores espirituales sólidos, como la dignidad y la integridad, implantados de una manera firme en su espíritu.

Tener un propósito de vida nos ayuda a fortalecer el espíritu y nos da claridad mental para orientar nuestros pasos. Encontrar y definir el propósito de vida, es algo que no puede ser aplazado, ya que este debe estar alineado con el espíritu. Las ganancias derivadas de una mente clara te sorprenderán, como la toma de buenas decisiones y el desarrollo de una actitud y aptitud positiva. Todo se traduce en ventajas, porque aun cuando los resultados no sean óptimos en determinadas circunstancias, tendremos confianza en la forma cómo tomamos las mejores decisiones.

La fe es fundamental para no hacernos prisioneros de la indolencia, pues esta nos puede arropar sin dejarnos espacio para respirar, cortando poco a poco el oxígeno espiritual que nos permite vivir y continuar día a día. Dios nos dotó con talentos y estamos bien equipados para enfrentar el reto de la vida. Pero es necesario reconocer una relación espiritual en nuestra vida con Él, para que cada uno de nuestros pasos sea guiado de manera efectiva dentro del plan de vida.

En la vida de hoy en día, un requisito indispensable es fortalecer en primer lugar el espíritu, para moldear el temperamento y la personalidad a fin de crecer en la búsqueda del bienestar integral. Es un error grave darle libertad al carácter, descuidando lo espiritual y dando rienda suelta a nuestros gustos y preferencias, sin ningún tipo de control y reflexión que nos permita evaluar nuestro comportamiento.

Para lograr una vida integral y equilibrada, debemos desarrollar un pensamiento profundo y un conjunto de criterios que nos permitan guiar nuestros actos y ayudarnos con nuestras decisiones. Debemos tener en cuenta lo que somos, para perseguir nuestros sueños y enfrentar los obstáculos y retos que la experiencia de vivir nos trae.

En otras palabras, buscamos desarrollar un estilo de vida apropiado, conveniente, placentero y acorde con las circunstancias de la vida, pero especialmente ordenado y muy espiritual. Cuando tratamos de imponer nuestros criterios personales sobre la base de impulsos propios, tomamos decisiones en medio de arranques de ira, escogemos caminos y patrones atendiendo a gustos superficiales y actuamos con indolencia, nos dirigimos hacia una realidad con consecuencias peligrosas, que pueden resultar muy costosas para cualquier individuo.

En definitiva la piedra de la indolencia desnaturaliza al ser humano y es un ingrediente para cultivar el egoísmo y promover la injusticia en los grupos sociales. Es una condición que nos aleja del disfrute de la vida y del propósito esencial de llevar una vida enfocada hacia el bien común.

Disminuye la sombra negativa de la piedra de la indolencia

A continuación comparto contigo algunas reflexiones sobre la indolencia:

1. La indolencia forma parte de un proceso de desconexión con el mundo que es creciente y termina generando inconformidad y desilusión en las personas.

2. Un ser indolente termina lesionando su propia autoestima y pone en peligro su equilibrio personal.

3. La indolencia provoca rechazo en las personas que nos rodean y no es considerada, bajo ningún punto de vista, como una característica positiva de la persona que la practica.

4. La indolencia puede convertirse en un hábito de vida que no te permitirá disfrutar de relaciones beneficiosas y que te alejará del cariño de la gente.

5. La indolencia deteriora tu sentido de responsabilidad y te aísla de la sociedad.

6. La participación comunitaria, la lucha por causas nobles y la defensa de la naturaleza, representan elementos claves para conectarte con el propósito de vivir con responsabilidad social.

7. La solidaridad, la compasión, la entrega y la atención hacia quienes nos rodean, elevan tu espiritualidad y te acercan a los que Dios quiere en tu vida.

8. La vida es una experiencia llena de grandes retos, para los que el mejor camino debe ser el de compartir, coincidir y armonizar con los demás.

9. No importan cuáles sean las razones o las circunstancias, siempre hay un terreno fértil para encontrar lo que nos une a otras personas en la vida.

10. Cuando vivimos la vida en un plano orientado, en mayor medida, a los acuerdos, a la comprensión y al buen entendimiento, hay bienestar espiritual. De esta forma la vida adquiere otros matices y la visión cambia radicalmente.

11. Los beneficios de una vida en armonía son inmensos, por ejemplo, encuentras más equilibrio, te enfocas mejor y tienes una paz mayor.

12. Las diferencias provienen tanto de ti como de los demás. Muchas veces enfatizamos las diferencias, lo

que nos lleva a orientarnos hacia el conflicto y nos hace vivir en un constante mundo de problemas y desavenencias, convirtiendo esto en un mal hábito.

13. La indolencia trae consigo, además de fragmentaciones, tristeza y frustración.

14. Dios nos creó para cumplir un propósito especial, que va unido a la necesidad de crecer espiritualmente. Crecerás cada vez más y sentirás mayor plenitud, en la medida en que valores mejor a los demás.

15. La aceptación y el perdón son dos herramientas esenciales para superar conflictos, desarrollar entendimiento y obtener los resultados espirituales necesarios para llevar una existencia de amor, paz y armonía.

16. Al desarrollar tu personalidad, comprendiendo mejor el rol o la actitud que debes adoptar ante una situación determinada, amplías lo que denominamos el sentido común y la convicción de hacer las cosas bien.

17. En la medida en que logres centrarte en tus acciones y comportamiento, contribuirás a desarrollar un mejor equilibrio en tu vida, equilibrio que es esencial para la transformación personal.

18. Otro de los beneficios que obtienes al alejarte de la indolencia es que, con la certeza de actuar apropiadamente, logras satisfacción personal y alcanzas sabiduría.

19. Cuando reflejas que vives apegado a valores y principios, te conviertes para los demás en un modelo para imitar. Sirves de inspiración porque ejerces un liderazgo que muchas personas quieren seguir. La gente necesita saber que pueden acudir a ciertas personas, porque saben que son personas que toman buenas decisiones.

20. Recuerda que Dios es nuestra máxima inspiración y que a través de su mensaje recibimos grandes bendiciones para sacar lo mejor de nosotros y alimentar el alma y el espíritu.

Ten presente que los factores o fragmentos que forman la piedra de la indolencia son: estar lejos de valores y principios, individualismo, egoísmo, indiferencia, falta de esfuerzo o pereza, insensibilidad, actitudes y sentimientos negativos y condicionamientos aprendidos.

Acércate a Dios y pídele que te ayude a deshacer la piedra de la indolencia, para así disminuir al máximo tu sombra negativa como en un mediodía radiante de LUZ.

¡Adelante guerrero(a), tú sí puedes!

CAPÍTULO 2

Detectar tus hábitos negativos

Como recordarás, en el primer capítulo vimos como muchos de los problemas que padecemos a lo largo de la vida concernientes a la personalidad y a nuestra capacidad de desenvolvernos, provienen en su mayoría de la educación, de las costumbres y de la herencia genética. Con el tiempo se convierten en lo que hemos denominado piedras, que se transforman a través de los años en grandes obstáculos para el avance.

Del mismo modo que esas piedras se van adhiriendo cada día más a la persona sin que ella se dé cuenta, igualmente se empiezan a reflejar sombras, las negativas, que arropan al ser. A partir de ahí, pasamos a un siguiente nivel desarrollando una variedad de hábitos. Los hábitos negativos van formando «capas» alrededor de nuestro ser, e impiden que nos podamos mover con libertad. Perdemos la capacidad para desenvolvernos con dominio propio y acabamos apresados por nuestros hábitos. Las capas, con el tiempo, recubren o envuelven la verdadera imagen de la persona. Pueden llegar a ser más de una, revisten su esencia natural, imposibilitando el proceso de desarrollo o crecimiento personal que todo individuo persigue.

Podemos imaginar que estas capas tan fuertes están hechas de un plástico grueso y resistente que no podemos modificar o cortar, ni siquiera perforar con alguna herramienta que deseásemos utilizar desde el exterior. Solamente se pueden romper desde adentro de la persona misma. Es ella quién tiene que tomar la decisión y la que tiene la responsabilidad de despegarlas y arrojarlas fuera para sustituirlas por hábitos positivos.

Muchos de los hábitos negativos que vamos a revisar en este capítulo se desarrollan, en algunos casos, a partir de las piedras que contribuyen a proyectar la sombra negativa. Estas como recordarás son: la comparación, las excusas, el negativismo, la victimización y la indolencia. Los hábitos negativos que terminan formando capas sobre el individuo se van adhiriendo a la persona cada día más y más, de manera creciente y expansiva. Al igual que las piedras, reflejarán sombras negativas. Las capas, en muchos casos, se proyectarán de tal manera que será imposible no verlas, destacarán aún más que el propio individuo que las refleja. La persona y su verdadera esencia se verán disminuidas en comparación con el tamaño de la sombra negativa que reflejarán sus hábitos negativos.

En cambio, cuando la persona logra transformar o sustituir su hábito negativo por uno positivo, tiene la oportunidad de reflejar sombras positivas. Podemos compararlo con el individuo que interviene y destruye las piedras que se han formado en su personalidad, lo que le permite, a partir de ese momento, reflejar sombras positivas que además de traer enormes beneficios a su vida, le permitirán ser fuente de inspiración para arropar positivamente a muchas personas.

Sin darnos cuenta, a menudo, desarrollamos una variedad de actitudes y comportamientos que caracterizan nuestros logros en el día a día, y que nos llevan a disfrutar de una vida plena y equilibrada o que, por el contrario, nos conducen a enfrentar nuestra existencia con desacierto y descontrol. Estos comportamientos y actitudes son los que, con la fuerza de la repetición, conocemos como hábitos personales. Los hábitos negativos, son los que se apoderan en gran parte de nuestro comportamiento y nos alejan de un propósito de vida afable, esperanzadora y gratificante.

Los hábitos negativos son alimento venenoso para el espíritu

Los hábitos negativos constituyen un alimento venenoso para el espíritu y provocan consecuencias lamentables en las personas y también en quienes las rodean. Se convierten en factores que controlan el comportamiento de los individuos, logrando ejercer una influencia enorme sobre la conducta humana. Estos impedimentos para el bienestar de los seres humanos, surgen como consecuencia de la transmisión genética, de la educación, de circunstancias o eventos difíciles y también por generación propia en la personalidad y en el temperamento de cada uno.

En mi primer libro *La belleza de saber vivir*, menciono brevemente este tema al afirmar que los seres humanos estamos inmersos en una gran cantidad de hábitos. Sería increíble observar las consecuencias de nuestros hábitos, en un solo día. Quizás hacemos lo mismo siempre, año tras año, sin detenernos a pensar en la forma de mejorar para cambiar y obtener mayor provecho. Este provecho podemos lograrlo al desechar por completo un hábito en particular, y sustituirlo por otro totalmente nuevo, que nos proporcione un avance en nuestro crecimiento personal y profesional.

Cuando nos percatamos de la calidad de nuestros hábitos podemos identificar aquellos que son totalmente perjudiciales, eliminarlos y sustituirlos por los beneficiosos que aportarán verdadera satisfacción personal o profesional. En consecuencia estaremos preparados, como el buen líder, para emprender metas y objetivos, desarrollando una conducta más apropiada para los nuevos retos. Nada ni nadie podrá hacer que cambies tus hábitos. Solo lo harás si te lo propones. Los demás puede que te hayan señalado la inconveniencia de los mismos, pero si no encuentras la motivación correcta, no lograrás cambio alguno y, por lo tanto, te mantendrás en el mismo lugar obteniendo los mismos resultados. Cuando ocurre esto, muchas veces se produce una fuerte desilusión, tristeza o dolor, que impide que experimentes el tipo de superación o cambio en tu vida que esperas alcanzar.

Por lo general, los hábitos requieren de nuestra aprobación, lo que quiere decir que si haces algo bien o mal es porque lo decidiste. Necesitas por lo tanto iniciar un nuevo proceso de toma de decisiones, para cambiar el hábito que no produzca beneficio. Y, con tu propio liderazgo, debes mantenerte en ese proceso, lo que posiblemente llevará un buen tiempo, hasta lograr resultados positivos.

Esto es muy importante ya que cuando vemos los beneficios del esfuerzo realizado, resulta más fácil continuar en la carrera para llegar a la meta y obtener el primer puesto. No se trata de que las otras personas te den ese primer puesto, lo obtendrás por ti mismo y, aunque nadie lo reconozca, verás con tus propios ojos la victoria de la superación. Así, podrás disfrutar de la gran satisfacción y sentido de logro que se experimenta al haber cambiado o sustituido un hábito negativo.

Un simple hábito negativo se puede convertir en un huracán

Si no ponemos en práctica el nuevo hábito, seguiremos igual, oprimiendo y enfermando poco a poco nuestro ser. Es probable que en este momento digas: «No es para tanto, un simple hábito no me puede enfermar». Sin embargo, aunque lo consideres inofensivo, en el área personal o profesional puede convertirse en un huracán con el tiempo. Existe el peligro de que arrastre consigo a los buenos hábitos, dejándote desprovisto de fuerzas, debilitándote y llegando, en muchos casos, a generar enfermedades.

Por eso, es fundamental desechar todo aquello que sea improductivo e ineficiente en uno mismo. Es importante primero en términos personales, y luego, en el contexto de las actuaciones con los demás.

Si no cambias por consideración a ti mismo, menos lo podrás hacer por consideración a los tuyos o a otras personas. Quien intenta cambiar por los demás, por su familia o por las exigencias impuestas por su trabajo, en el fondo no cambia y ese hábito externo que estás tratando de incorporar, más temprano de lo que te imaginas desaparecerá, dejando nuevamente el espacio abierto para que retornes a tu comportamiento anterior.

Por tanto, necesitamos desarrollar una actitud positiva para incorporar nuevos hábitos, ya que sabemos que los beneficios que producirán al crecimiento personal enriquecerán nuestra actividad profesional y nuestra vida familiar.

La actitud es la manera con la que reaccionamos normalmente ante las situaciones, los problemas y las personas que enfrentamos a diario. La actitud que conduce a la persona a comportarse o a reaccionar de una forma específica ante ciertos hechos, puede desembocar en un hábito perjudicial. Por tanto, es primordial evaluar de cerca las actitudes, ya que estas, a su vez, se forman en base a nuestras emociones y creencias. Por lo común, las adquirimos desde pequeños de modo que a veces reaccionamos como adultos con actitudes que aprendimos o desarrollamos a corta edad. Porque estas «costumbres» son tan viejas como nuestra existencia, es por lo que reaccionamos del mismo modo durante toda una vida, y pueden estar tan arraigadas que no nos demos cuenta de que son perjudiciales.

Tal vez ese haya sido el mayor tropiezo en la vida de algunas personas, es decir, su propia tendencia a reafirmar costumbres negativas. Todo eso puede afectar la vida de otros que reaccionan de forma inapropiada, como consecuencia del reflejo producido por estos hábitos negativos. La negatividad, por tanto, empaña la propia vida y la de los demás.

Muchas veces tenemos un hábito tan arraigado que no nos permite ver las cosas de otra manera. Lo peor es que lo trasladamos, sin querer, al resto de las decisiones que tenemos que llevar a cabo. Los cambios de hábitos son muchas veces menos difíciles de lo que pensamos; lo fundamental es concienciarse de los hechos derivados de esos hábitos. Cuando los identificamos en nuestro proceder, se hace posible sustituirlos, lo que nos permitirá tomar decisiones idóneas. No olvides que la mayoría de las circunstancias bajo las que vives hoy son producto de las decisiones que tomaste hace mucho tiempo como consecuencia de ciertos hábitos.

Por consiguiente, muchas de nuestras conductas son reflejo o consecuencia de nuestros hábitos y actitudes. Por eso, es vital revisarlas de manera detallada, no para sentirse mal con uno mismo, como si se tratara de una autocrítica destructiva, sino más bien para dirigir los esfuerzos hacia una crítica constructiva y necesaria. Nos preparamos asumiendo conductas positivas frente a los problemas diarios, sintiéndonos exitosos, tratando de ser mejores que ayer, aun cuando los resultados inmediatos no sean siempre muy productivos.

En este, mi segundo libro, considero importante reflexionar sobre este tema de un modo más profundo. La influencia de los hábitos y la fuerza que estos ejercen en cada individuo conducen a acciones reiteradas que definen el comportamiento de las personas en contextos específicos y están directamente relacionados con el bienestar integral de los individuos. Los hábitos buenos o positivos, nos permiten crecer personalmente y desarrollarnos en el logro de nuestros propósitos de vida. Los hábitos malos o negativos, nos alejan de alcanzar la superación personal y bloquean nuestras actuaciones personales, profesionales y sociales.

Como seres humanos, llegamos a desarrollar una gran variedad de hábitos de vida. Resulta difícil en ocasiones, entender el bien y el mal en el comportamiento y en la psicología humana; sin embargo, consideraremos «hábitos que debemos sustituir», todas aquellas costumbres que nos impidan avanzar en la vida y lograr una mejora personal en nuestras actividades y retos.

Sin embargo, hay ciertos hábitos negativos que tienen un mayor impacto que otros en nuestras vidas, lo esencial es identificarlos e iniciar un proceso consciente para cambiarlos. El gran reto es modificar esos patrones que se originan en el subconsciente por razones a veces no del todo claras o conscientes. Convertir un hábito, sustituirlo o transformarlo no es algo sencillo, puede implicar una toma de decisiones claves, perseverancia y la superación de obstáculos, propios de la resistencia natural al cambio que desarrollamos los seres humanos.

La ganancia de los buenos hábitos

Generalmente la forma en la que actuamos revela cómo somos y lo que hacemos es producto de nuestra personalidad, de nuestra conciencia y de nuestro espíritu. Nuestros hábitos definen poderosamente lo que alcanzamos y determinan cómo hacemos las cosas. Gran parte de lo que hacemos es producto de nuestros hábitos.

Los seres humanos formamos nuestra personalidad en base a varios elementos, uno de ellos es lo que podemos llamar nuestra propia fórmula innata de definición personal, «la moral innata», que también traté en mi primer libro, transmitida a través de la herencia genética. Otro elemento, es el que nos llega a través del conocimiento y del aprendizaje, es decir, la manera como hemos sido educados.

Algunas razones válidas por las que adquirimos ciertos hábitos están asociadas a la imitación de conductas o actitudes. Esto no es otra cosa que transportar o extrapolar los que vemos o percibimos de los demás para adoptarlo y copiarlo en nuestra propia vida. Algunos hábitos se originan en el estrés, en las carencias y limitaciones que golpean a las personas, en la necesidad de aceptación social, en la motivación para la superación personal, entre otros. Por cualquiera de estas vías podemos desarrollar buenos y malos hábitos.

Los buenos hábitos conducen al desarrollo personal y al crecimiento espiritual. Nuestro cerebro se perfecciona de forma eficiente mediante la ejecución de tareas bien hechas, es decir con realizaciones positivas generadas por la práctica de buenos hábitos.

Mi abuela me decía siempre que para ella no había nada mejor que retirarse a descansar con la convicción de que terminaba una jornada de trabajo llena de tareas bien realizadas. Ella consideraba que el trabajo bien hecho, con responsabilidad y disciplina, era un alimento para su alma y que además la liberaba del estrés, al producir en su interior un estado de plenitud y tranquilidad verdaderamente importante. La disciplina y el cumplimiento cabal de las responsabilidades o tareas que me corresponden, han sido una motivación para superarme. Eso me lo enseñó mi abuela y así se lo he inculcado a mis hijos.

Recientemente leía un artículo en el que un científico argumentaba que la convicción personal de hacer las cosas bien hechas reporta grandes beneficios para el cerebro y promueve la inteligencia emocional y el equilibrio personal de los individuos de una forma técnicamente comprobable. Esto significa que los seres humanos al realizar tareas de manera eficiente provocamos estímulos positivos en el cerebro y contribuimos a generar satisfacciones subconscientes que propician el crecimiento personal. Creo firmemente en estos argumentos y considero que hacer bien todas las cosas hace posible la reafirmación de los hábitos positivos y nos transforma en mejores seres humanos.

Los hábitos positivos nos transforman en mejores seres humanos porque:

1. La realización de tareas en forma eficiente refuerza un aspecto vital en el ser humano como es la disciplina. Sin disciplina carecemos de método para ser organizados, y sin orden, es muy difícil progresar en cualquier ámbito de la vida. La disciplina a su vez reafirma el sentido de responsabilidad y el compromiso, que son dos ingredientes esenciales para alcanzar un nivel de vida integral.

2. La ejecución de tareas en la forma apropiada nos hace más competitivos con nosotros mismos y nos genera motivación para superarnos cada día, ya que nacimos con un propósito de vida orientado a ser mejores personas, mejores trabajadores, mejores amigos, mejores vecinos, etc.

3. La convicción del trabajo bien hecho promueve el hábito de hacer lo que corresponda sin dilaciones, propicia también la mejor utilización del tiempo sin posponer las cosas, evitando así perder oportunidades, que tal vez no se repitan.

4. Hacer las cosas bien, te crea una excelente imagen personal que beneficia tu autoestima y tu confianza, reafirmando valores que otras personas aprecian y

pueden utilizar como referencia para su crecimiento personal.

5. Al realizar bien tu trabajo, tus tareas o cumplir con tus responsabilidades, manifiestas liderazgo y determinación en el grupo en que te desenvuelves. En cierta forma, es una manera de enseñar y compartir con otros una forma positiva de conducir tu vida.

6. Finalmente, al hacer las cosas bien generarás con seguridad buenos resultados, es decir, recogerás buena cosecha de lo que has sembrado.

Diez hábitos negativos que forman capas a tu alrededor

Como hemos visto en el primer capítulo, las piedras que se adhieren a nuestra personalidad desembocan en actitudes, en conductas, que por lo general son muy poco beneficiosas.

Puedes entonces identificar cómo estas se convierten en malos hábitos y forman capas a tu alrededor que no permiten tu crecimiento personal. Los malos hábitos se definen como conductas aprendidas que se traducen en acciones, demostraciones, actitudes y comportamientos repetitivos marcados por reacciones involuntarias, que producen resultados inconvenientes o indeseables para la persona.

Los malos hábitos se transforman en costumbres que nos limitan o nos impiden desarrollarnos y alcanzar un crecimiento personal y espiritual sin importar sexo, edad, nivel de educación, procedencia, etc. Son la expresión cotidiana de acciones inapropiadas, indeseables, pero con la fuerza de la costumbre nos controlan, hasta el punto, de convertirse en respuestas sistemáticas de carácter inconsciente o involuntario, lo que supone un perjuicio significativo para los individuos.

1. El hábito de ejercer un culto supremo a uno mismo

Este representa uno de los comportamientos típicos que caracteriza a muchas personas. Implica una apreciación exagerada de quienes son. En otras palabras, es una autoestima sobredimensionada de la persona misma y de sus características, que lo convierte en un ególatra, practicante de un culto a su propio yo. Aunque los seres humanos necesitamos trabajar y desarrollar la autoestima personal, es también cierto, que nuestro nivel de autoestima debe ser equilibrado y proporcional a nuestro compromiso de vida y al contexto social en el que nos desenvolvemos.

En caso contrario, el exceso de autoestima desbordará nuestros sentimientos y desdibujará nuestro comportamiento favoreciendo en nuestra personalidad características nefastas, tales como: la prepotencia, el egoísmo y el sectarismo.

El mal hábito de rendirnos pleitesía personal, nos aleja de la sana convivencia y nos bloquea en el proceso de aprendizaje y en la asimilación de experiencias en la vida. La persona que actúa así pierde también la capacidad de discernir, de debatir, y de alguna manera, se aísla en un mundo en que la realidad se nubla y la subjetividad conquista espacios insospechados.

2. El hábito de practicar la obstinación y la intolerancia

Mientras más grande es nuestro universo, más compleja puede ser la convivencia humana. Vivimos expuestos a grandes desafíos y el estrés ocupa un lugar preponderante. Los grupos humanos se extienden, crecen, se multiplican y se diversifican y aun dentro de un mundo global, el contraste y las diferencias forman parte de nuestra subsistencia.

Hay personas que desarrollan el hábito de ser obcecadas y crean dificultades en aspectos elementales de la vida. Son personas que reciben un nivel de aceptación muy bajo de otros. Su tendencia es oponerse y no contribuir en la búsqueda de armonía y en el logro de soluciones a situaciones y circunstancias de la vida en común. Quienes practican este hábito, pierden paulatinamente el sentido de pertenencia al grupo familiar o social al que pertenecen, porque además de autoexcluirse, generan rechazo e incomprensión por parte de los demás.

Otra característica de estos individuos es que a través del tiempo transforman su obstinación en ira y frustración, convirtiendo su intolerancia en agresión o persecución de quienes les rodean.

El optimismo es muy importante para contrarrestar la obstinación. El optimismo permite ver las cosas y las circunstancias complejas de la vida con menos rigor y pesimismo. Como consecuencia, la negatividad no podrá desplazar al optimismo del lugar que le corresponde en la vida. Sin embargo, esto no quiere decir que las circunstancias no requieran de la seriedad, del interés y de la importancia debida, en su momento. Lo conveniente será aprovechar siempre la fortaleza del optimismo para enfrentar con una mayor disposición la intolerancia.

Otra de las ventajas de ser una persona optimista es la facilidad para olvidar las cosas negativas a las que nos hemos tenido que enfrentar y de ese modo, evitar convertirlas en maletas pesadas que tal vez carguemos durante el resto de la vida. Con la ayuda del optimismo, esas situaciones se transforman en experiencias valiosas para el crecimiento y el desarrollo espiritual.

El optimismo nos impulsa a convertir la alegría en acción y brinda la posibilidad de bajar la intensidad de las situaciones conflictivas. Esto permite que el individuo enfoque su mente más en las soluciones que en el problema, se aleje de la victimización y por tanto, de las cargas de negatividad. En conclusión, la persona optimista irradia serenidad, control sobre las situaciones y confianza en sí misma.

3. El hábito de cerrar los oídos y no escuchar a los demás

El tercer hábito nocivo para los seres humanos es el que desarrollan las personas que como consecuencia de los dos primeros, cierran sus oídos y sencillamente no escuchan lo que sucede en el mundo y alrededor de ellos. Son personas que se consideran dueños de la verdad absoluta y que terminan subestimando las opiniones de otros, aunque sean miembros de su familia.

Estas personas dejan de nutrirse del mundo exterior y edifican murallas que los separan de la realidad, de la experiencia y del conocimiento necesario para llevar una vida orientada al logro y al equilibrio. Quienes padecen este mal, hablan en exceso y centran la comunicación en sus propias historias dominando el escenario donde se encuentren. Son personas que dejan de escuchar y prestar atención cuando otros intervienen, porque, de antemano, no consideran importante lo que otros tienen que decir: ellos lo saben todo.

Este hábito puede generar grandes confusiones y graves distorsiones en la existencia de quien lo practica, también contribuye a generar desconfianza y aislamiento del grupo en el que se desenvuelve.

4. El hábito de responsabilizar a otros, o a cualquier circunstancia, de lo que sucede

Nos ocuparemos ahora del hábito de encontrar culpables a otras personas, o tal vez echar la culpa a cualquier cosa que suceda a nuestro alrededor. Las personas que se alimentan de excusas no prestan atención a lo que son capaces de lograr. Construyen una serie de razones, causas y consideraciones con las que se autoengañan. Son las típicas personas ancladas en la ineficiencia, la falta de compromiso y la inacción por «culpa de esto o de aquello». Quienes se escudan en las excusas terminan trasladando la culpabilidad a otros, es decir, son individuos incapaces de asumir la responsabilidad que les corresponde.

Esta condición se origina en su propia vida, esto significa que el hábito de echar la culpa a otros, se desarrolla usualmente en el ámbito estrictamente personal. Estos individuos cultivan y combinan otros hábitos que veremos más adelante: como la pereza, unida a ciertas dosis de indisciplina, desorganización y falta de atención en actividades cotidianas relacionadas con actos personales, estilo de vida en el hogar y relaciones familiares.

Nos encontramos con personas que por circunstancias difíciles en su vida, pierden el deseo de luchar para obtener resultados, alcanzar sueños y llevar a cabo una vida con un nivel de compromiso razonable. Llegan a desanimarse, de tal manera, que bloquean a través de las excusas todo tipo de realizaciones personales. Son individuos que han experimentado muchos fracasos de los que no se han recuperado, se consideran incapaces de dirigir su vida, superar etapas y asumir competencias y ponen como excusa las derrotas sufridas. Para ellos, que se consideran víctimas, cualquier excusa será buena.

De esta forma vemos como se manifiestan en la vida de las personas, algunas situaciones que los llevan a adoptar las excusas como parte fundamental de su estilo de vida, perdiendo la oportunidad de alcanzar logros importantes para su crecimiento personal y generando al final de la jornada un gran cúmulo de frustraciones, desencuentros y fracasos para ellas mismas y para los demás.

En estas circunstancias el hábito crece y se desarrolla, es transportado y proyectado a las relaciones sociales y las relaciones laborales, lo que crea consecuencias perjudiciales para la persona. Una de las consecuencias más negativas tiene que ver con la imagen que reflejan estas personas hacia los demás. Usualmente son consideradas poco honestas, injustas y carentes de integridad y sinceridad.

5. El hábito de permitir que el miedo tome tus decisiones

El temor tal y como aparece en mi libro *La belleza de saber vivir*, es un mal compañero. Muchas personas viven con miedo, y el miedo paraliza a los seres humanos, imposibilitándolos para desarrollar una visión apropiada de su experiencia de vida. El temor se adueña de la voluntad y puede generar un espacio importante para un hábito nada favorable, como es el de no tomar las decisiones correctas por miedo al miedo mismo. Muchos viven al amparo del temor, sin posicionarse ante la vida y dejando pasar la oportunidad de decidir. En la vida hay que tomar decisiones, adoptar posturas acordes con nuestro conocimiento, aprendizaje y experiencias.

En general, no sabemos cómo liberarnos del temor y de la preocupación que nos alejan del crecimiento personal. El temor llega a inhibirnos únicamente cuando se le permite controlar nuestra vida hasta el punto de provocar inactividad e indecisión. A veces, de forma errónea, creemos que el objeto de nuestro temor puede dañarnos más de lo que en realidad puede. El verdadero daño proviene del temor en sí. Es por eso que debes analizar qué es lo que temes y qué sucedería si aquello que temes llegara a pasar. Los temores son pensamientos, por tanto, puedes reemplazar esa manera de pensar negativa con ideas positivas, expectativas razonables y una nueva actitud hacia las experiencias obtenidas del aprendizaje.

Hay una condición mental que tiene sus raíces en el temor: la preocupación. Por más sutil que tus preocupaciones sean, de manera gradual y persistente, se apoderan de tu mente hasta que inmovilizan tu iniciativa, la confianza que tienes en ti mismo y la capacidad para razonar. El preocuparse es un ejercicio sin sentido. En primer lugar, el noventa por ciento de todo lo que nos preocupa nunca llega a ocurrir. En segundo lugar, mientras nos preocupamos por algo que tal vez acontezca, no nos podemos concentrar en aquello que garantice lo que deseamos que suceda.

Ya que la preocupación emerge del temor, podemos controlarla mentalmente, cuando tomamos decisiones y las llevamos a la práctica con persistencia, rapidez y determinación. El miedo nace muchas veces de las caídas, de los tropiezos, de las durezas de la vida. Y es verdad que enfrentamos ciertos eventos que no deseamos ni siquiera recordar, porque representan dolor, pérdida y tal vez frustración. Pero la vida es una montaña rusa, y nada nos podrá eximir de experimentar circunstancias complejas y dolorosas.

Nuestra actitud y nuestra aptitud pueden marcar la diferencia y ejercer un poder de transformación para nuestro crecimiento personal. El miedo hay que desplazarlo para sustituirlo por fortaleza y determinación que son elementos claves para la toma de decisiones en un contexto y espacio de tiempo adecuados. En caso contrario, ocurrirá como en el dicho: «Pasará el tren y no podrás subirte», ya que hay oportunidades que no se repiten y al desarrollar este mal hábito corres el peligro de perder un tren que tal vez pasaba una sola vez.

Entre las consecuencias más perjudiciales de este hábito está la pésima imagen que puedes proyectar ante los demás, que podrían considerarte como un sujeto débil, inmaduro e incapaz de enfrentar la vida con valentía. No limites tu crecimiento personal actuando con miedo. Lucha con determinación y confianza.

6. El hábito de esperar de forma interminable y de aplazar las cosas para después

Existen personas que dejan las cosas en un plazo de espera no necesariamente por miedo. Es decir, no toman decisiones oportunas o acciones inmediatas en relación con un hecho, evento o circunstancia. Son personas que, de modo usual, desarrollan el hábito de posponer actuaciones y difieren la toma de posiciones en la vida. Esto se convierte en un hábito muy negativo. Hay situaciones que deben ser abordadas con prontitud, que requieren decisiones instantáneas, una ejecución inmediata y atención prioritaria. Otras situaciones, en cambio, pueden requerir de un tiempo de espera, incluso de paciencia, y de una actuación sin prisas. Aún así, no puedes permitir que el tiempo actúe por ti. Hay personalidades que se estructuran abusando de lo que se denomina «el ritmo propio». Convierten sus actuaciones en ejecuciones lentas, dando cabida a cavilaciones, desestimaciones y apreciaciones poco objetivas.

7. El hábito de responder con impulsividad

En el mundo en que vivimos predomina la velocidad. El estrés provoca efectos contraproducentes en la vida de las personas, al mismo tiempo que nos entrenamos adecuadamente para tomar decisiones y responder de forma rápida y concreta. Sin embargo, el aspecto clave está en actuar con diligencia evitando la impulsividad. Actuar por impulso es un hábito que puede traer consecuencias catastróficas porque se fundamenta en una conducta reactiva. Las reacciones instantáneas son respuestas a estímulos y no dejan espacio para la revisión del pensamiento consciente. En otras palabras, esto significa que así como nos pueden suceder eventos y circunstancias de forma inesperada o no, reaccionamos de la misma forma sin dedicar tiempo para evaluar los mejores escenarios.

Las personas impulsivas actúan sin medir las consecuencias que traerán sus actos, sus palabras o una determinada conducta activa o pasiva. Aquí entran en juego factores peligrosísimos como la ira, la euforia o la desesperación. La impulsividad no permite razonar ni calmarse y no trae paz al espíritu.

8. El hábito de actuar con mediocridad

En algunos casos y en determinadas circunstancias, corremos el peligro de no profundizar o evaluar con detenimiento un problema, nos sentimos abrumados por una serie encadenada de eventos que perturban nuestra tranquilidad y estabilidad. Como consecuencia, podemos sentirnos agotados y en esos momentos podemos asumir el riesgo de enfrentar el problema sin evaluarlo con detenimiento. En cualquier caso, la falta de atención y la superficialidad con la que analicemos lo que está aconteciendo puede llevarnos a buscar soluciones temporales o incorrectas. No podemos dar soluciones deficientes o indebidas a los problemas sin medir las consecuencias futuras. De lo contrario terminarás con problemas mayores como falta de dinero, relaciones sentimentales rotas, enfermedades, etc.

Una solución mediocre nunca nos llevará a un buen destino. Aquí se aplica lo de: «Es peor el remedio que la enfermedad», ya que, soluciones pobres agravan las situaciones y muchas veces generan graves consecuencias. Recuerda que la eficiencia y el enfoque son esenciales para resolver adecuadamente las circunstancias aun cuando la adversidad toque a la puerta.

9. El hábito de comportarte con desgano

Este hábito del desgano y la apatía es muy común en las personas y aunque es evidente que todos poseemos distintos niveles de energía y vitalidad, es fundamental que te enfoques en las responsabilidades que has asumido y en responder de forma adecuada. Hay tiempo para todo y para todos, incluyendo el descanso y el ocio, pero la voluntad y las prioridades definirán cómo y cuándo actuar con entusiasmo desechando la pereza y el abandono. El hábito de la pereza es muy peligroso, tiende a aumentar, te paraliza y envuelve. Sus consecuencias pueden ser gravísimas para las personas porque lo conducen a un estado de degradación humana que trae bajos niveles de autoestima, mala imagen y fracaso familiar, entre otros.

10. El hábito de criticar exageradamente

Hoy en día, a diario, observamos en las personas una tendencia creciente a asumir posiciones muy críticas hacia otras personas, dentro del contexto de nuestras relaciones familiares, sociales, laborales, etc. Convertimos nuestras apreciaciones en declaraciones severas y muchas veces lapidarias acerca de la conducta de los demás. Muchos autores coinciden en que desde niños dirigimos nuestra atención, con más facilidad, hacia los errores o limitaciones que tienen los demás, antes que a percibir las características, acciones o conductas positivas que también exhiben. Aplicamos la regla de la subestimación para medir el esfuerzo que realizan para hacer su trabajo o labor con excelencia y responsabilidad. Somos entonces expertos en ver al otro, en examinarlo, evaluarlo, convirtiéndonos en esclavos de examinar a los demás; sin darnos cuenta de que adoptamos una conducta repetitiva, que con el tiempo encaja dentro de la clasificación de los malos hábitos.

Recientemente, comentaba en familia, con mi esposo e hijos, acerca de este tema y pusimos sobre la mesa el caso de algunas personas que deambulan por la calle como mendigos, o también otras que tienen una apariencia descuidada, o aquellos que toman malas decisiones y ponen en peligro su estabilidad personal. En fin, nos venían a la mente tantas personas que vemos a diario y que pueden denotar actitudes poco positivas, o que bien proyectan una imagen personal cuestionable.

Lo importante, no es que no podamos observar, comentar y hasta llegar a conclusiones sobre lo que percibimos. La clave es como este proceso nos lleva a una crítica aguda, venenosa o carente del sentido de solidaridad y compasión que nos debe caracterizar. Ver lo que ocurre en la casa ajena, sin tener idea de las razones, de las condiciones, eventos o circunstancias que han vivido los demás es un acto de injusticia. Y lo que es peor, ver lo que ocurre afuera, sin percibir que en nuestras propias vidas o familias pueden estar ocurriendo cosas cuestionables, es un mal ejercicio.

Como señalan algunos autores, en la mayoría de los casos, esta actitud negativa se convierte en el principal enemigo del bienestar de nuestras relaciones. Tal vez no te has dado cuenta, y estás actuando como una de esas personas que mantienen una actitud crítica y que, constantemente, buscan resaltar los defectos o los errores que cometen los otros a su alrededor.

El rumbo que está tomando esta sociedad y la dureza en las condiciones de vida de mucha gente, nos obliga a reevaluar y potenciar una actitud de consideración, aprecio y solidaridad común. Esto debe ser un punto de encuentro y reflexión que contribuya a transformar vidas comenzando con nuestras familias.

Consideraciones para transformar tu vida

1. Valora prioritariamente de manera positiva lo que hacen los demás.

2. Ponte en la posición de los otros, y trata de comprender las razones que llevan a las personas a actuar de forma inesperada. Te vas a sorprender.

3. Acepta que los seres humanos somos únicos y diferentes, y aún con diferencias podemos tener muchos puntos de unión, solidaridad y objetivos comunes.

4. Mira hacia dentro de otras personas para descubrir valores esenciales y el mundo positivo que también puedas encontrar.

5. Elimina la tendencia a subestimar la condición de los demás.

6. Contribuye para que las personas puedan transformar, aunque sea algo pequeño en su vida y crecer personalmente.

7. Desarrolla el sentido de la bondad y la generosidad en tus pensamientos.

Cómo sustituir los malos hábitos por los buenos

El gran reto es modificar esos patrones para transformar las acciones del subconsciente que a veces, por diferentes razones, no son del todo claras o conscientes. Como hemos comentado, convertir un hábito, sustituirlo o transformarlo no es algo sencillo, puede implicar toma de decisiones, perseverancia y la superación de obstáculos propios provenientes de la resistencia natural al cambio que desarrollamos los seres humanos. Son importantísimos el enfoque y la atención para crear buenos hábitos mentales y físicos mediante ideas concretas, planes y herramientas que incorporen técnicas de relajación, de autoprogramación y de afirmación. También son de gran importancia las lecturas inspiradoras y motivacionales.

A continuación comparto algunos consejos prácticos para iniciar un proceso de cambio en algunos hábitos que consideres negativos.

1. Identifica de forma objetiva los hábitos que te caracterizan y que generan resultados poco beneficiosos en tu vida. Haz un examen personal y pídele a personas

de tu confianza que te ayuden a determinar tales acciones.

2. Plantéate el proceso de sustitución, ¿qué sería hacer lo contrario? En el caso de los malos hábitos una de las formas de vencerlos es desarrollando la cualidad opuesta. Por ejemplo, si estamos acostumbrados a dejar las cosas para después, podemos entrenarnos para obligarnos a actuar con celeridad y eficacia y así poder cumplir con las responsabilidades planteadas.

3. La técnica de la repetición es muy útil. Programa tu mente para actuar repetidas veces y acostumbrarte de forma disciplinada a cumplir tu objetivo. Puedes apoyarte en ayudas para la memoria como: notas, objetos claves ubicados en lugares precisos, notas musicales, mensajes grabados por ti y por otras personas.

4. Llevar un calendario es muy buena costumbre, nos permite tener un control al anotar al final del día si hemos recordado o no nuestro objetivo. Cuando al cabo del día veas que se te había olvidado completamente algo, harás renovados esfuerzos al día siguiente para no olvidarlo. Para no dedicar demasiado tiempo utiliza una tabla con los días del mes, eso será suficiente. Piensa en utilizar algún elemento o signo para destacar tus avances o contabilizar tus olvidos.

5. Asumirlo como un reto personal. Una forma convincente es plantearse superar ese hábito como un reto personal. Esto nos permitirá establecer un compromiso con nosotros mismos para superarnos y alcanzar un nuevo nivel sobre una competencia eminentemente personal.

Las consecuencias de los malos hábitos

Hemos visto cómo nos invaden los malos hábitos y llegan a controlar muchísimos actos de nuestra vida diaria, alejándonos del crecimiento espiritual y del mejoramiento personal. Creo que aunque las razones por las que hayamos adquirido tales costumbres sean grandes, mucho más grandes son los motivos que tenemos para superarlas y alcanzar otro nivel.

También hemos observado que cambiar los malos hábitos no es una tarea fácil en el complejo mundo que nos ha tocado vivir. Como creyente, reafirmo cada día que la presencia de Dios en nuestro corazón, nos permitirá encauzarnos por un camino mejor, y que dentro de su propósito maravilloso están recogidas las oportunidades para alcanzar el objetivo: una vida más enfocada, más equilibrada para luchar contra la adversidad y mejorar nuestro bienestar, nuestra prosperidad y el compromiso que tenemos como seres humanos.

Las consecuencias de los malos hábitos son realmente terribles para muchos seres humanos. Aunque no es materia de este libro, los malos hábitos no solo se manifiestan en conductas y actitudes, sino que también están presentes en áreas específicas como son: el trabajo, la alimentación y la diversión de las personas. Algunos de estos hábitos acaban con la salud física y la vida de miles de seres humanos en el mundo.

En el ámbito y dentro del contexto de los malos hábitos que hemos estudiado en este capítulo, hemos analizado cómo pueden recubrir tu ser con una o muchas capas que te impedirán proyectar tu sombra positiva. Por el contrario reflejarás las negativas que producen consecuencias muy graves en la vida de cualquier individuo.

El objetivo es que revisemos estas consecuencias, seamos conscientes del peligro y nos animemos ante el reto de transformar lo que no nos beneficia, por un ejercicio pleno de libertad personal, estabilidad y justicia.

Consecuencias que generan los hábitos negativos

Consecuencia #1:   Los malos hábitos te alejan de propósitos positivos en tu vida.

Consecuencia #2:   Los malos hábitos bloquean tu desarrollo personal.

Consecuencia #3:   Los malos hábitos te hacen una persona irreflexiva.

Consecuencia #4: Los malos hábitos proyectan una pésima imagen personal.

Consecuencia #5: Los malos hábitos te convierten en una persona desequilibrada e injusta.

Consecuencia #6: Los malos hábitos te hacen perder el sentido de la oportunidad.

Acércate a Dios y pídele que te ayude a deshacer las capas que han formado en ti los hábitos negativos, para así disminuir al máximo tu sombra negativa como en un mediodía radiante de LUZ.

¡Adelante guerrero(a), tú sí puedes!

CAPÍTULO 3

Sin mirar atrás

Hemos visto que durante nuestra existencia debemos hacer frente a distintos obstáculos. El arte de vivir en armonía con el propósito que Dios tiene para nosotros, es un desafío en el que, como si fuéramos parte de una gran orquesta, necesitamos tocar muchos instrumentos musicales. El tono y la intensidad de las notas musicales son fundamentales en el concierto que es la vida misma.

El logro personal, la realización familiar, el compromiso social, nos animan a crecer espiritualmente, mirando el porvenir y dejando el pasado como una referencia para el conocimiento y el aprendizaje. Sin embargo, el sufrimiento y el dolor, aunque son grandes maestros, propician también el desánimo y la desaceleración de nuestras vidas. Los conflictos emocionales tienen raíces profundas en la manifestación de los sentimientos. Actuamos de acuerdo a cómo nos sentimos. Muchas veces solo reaccionamos y expresamos estados de ánimo, sin detenernos a pensar.

Como hemos visto, nos cuesta reconocer nuestras emociones genuinas y controlarlas. Es muy probable que como consecuencia de esto, experimentemos algunos daños, ciertas secuelas que nos han marcado y que nos han hecho fallarle a los demás y a nosotros mismos. Al no poder controlar nuestras reacciones, generamos conflictos emocionales y atentamos contra nuestro propio equilibrio. Esto nos ocurre con frecuencia porque no trabajamos profundamente nuestra riqueza espiritual. Sin embargo, la vida continúa sin cesar, y siempre tendremos la opción de examinar, transformar y mejorar nuestro desarrollo personal y espiritual.

Cuando reconocemos que el pasado forma parte de la historia y activamos la memoria solo para conectar con experiencias que nos han enseñando algo, estamos practicando una táctica efectiva para dejar de mirar atrás, mirar hacia la luz y caminar con pasos firmes hacia adelante.

Las trabas del pasado

Como todas las personas, experimentamos a lo largo de la vida diversas circunstancias. Sufrimos las adversidades y celebramos los logros, los aciertos y las realizaciones que forman parte del vivir diario. No obstante, muchos seres humanos se quedan estancados en el pasado, anclados a ciertos eventos de su vida y no pueden disfrutar de los cambios del presente. Proyectan desde sus pensamientos un futuro sórdido, estremecedor, decretándose a sí mismos los peores resultados existenciales.

Quienes se quedan atrapados en esta pesadilla cierran el paso al optimismo, a la fe, a la creatividad y a la esperanza. La fuerza de nuestra mente y una visión espiritual sobre nuestra propia vida, alentará que demos paso a todo tipo de oportunidades, además, con un pensamiento claro basado en que conseguiremos muchos logros positivos, podremos confiar en que *¡lo mejor va a llegar!*

En la carrera de la vida subimos y bajamos constantemente. Sin embargo, en nuestros descensos podemos encontrar períodos adversos que nos afectan en mayor medida y que nos hacen plantearnos, en algunos casos, hacer una pausa dolorosa para definir cómo comenzar de nuevo y desde cero.

La gente común y los grandes líderes como Madre Teresa de Calcuta, Gandhi y otros vivieron vidas difíciles y hasta crueles, sin embargo, enfrentaron la batalla y se enfocaron en luchar con valentía para no ser aplastados por otros y por ellos mismos.

Lo más importante siempre será tu fe, la manera como abras tu corazón para recibir bendiciones que te hagan más fuerte y generen mayor determinación en tus actos. Las pruebas miden nuestro crecimiento y abren canales para la gracia divina. Enfrentarlas y superarlas te permitirá observar tu desarrollo y estarás más cerca de alcanzar un nuevo nivel, verás más próxima la luz, en la seguridad de que todo ayudará para tu bienestar.

Los lastres más comunes a los que una persona pueda estar atada incluso de por vida son: el lastre sentimental, el lastre material, el lastre profesional y el lastre de las tradiciones y creencias.

1. La *traba sentimental*

Todos conocemos a personas que se quedan atadas a una relación sentimental del pasado, como el caso de alguien que ha mantenido una relación amorosa y aunque ya se haya terminado no logra desencadenarse de esa circunstancia. Vive a través de una relación que no existe, no puede pasar página y cierra las posibilidades de disfrutar el presente y esperar un futuro mejor.

Obviamente estamos hablando de personas que se apasionan por otras personas a quienes han amado y no aceptan la realidad. Es una forma de vivir obsesionado por la que ha sido su pareja, sin dejar espacio para concluir esa etapa.

Al mantenerse atado a una relación sentimental, la persona genera expectativas de reconciliación, sueña poderosamente con retomar su vida, y en el fondo fantasea con volver a estar junto a él o ella, tal vez durante toda la existencia, por lo que esta relación fallida acaba convirtiéndose en el mayor enemigo de su independencia y de su crecimiento personal.

El tema del amor y de los sentimientos nos conduce al campo de las emociones. No es fácil mandar en el corazón, porque los sentimientos nacen muchas veces de forma espontánea y representan, como dicen: «la llama del amor». Los sentimientos en su origen son genuinos y subjetivos, porque emanan de lo profundo de nuestro ser. Pero, a pesar de esa condición, los seres humanos desarrollamos el discernimiento espiritual, tal como veremos en el capítulo cinco, que nos proporciona herramientas para ejercer control sobre nuestros actos y para reconducirnos sentimentalmente, aun cuando el dolor y la tristeza estén presentes.

2. La traba del materialismo

El aspecto económico es uno de los grandes problemas en la vida de una gran mayoría de personas. El mundo está constantemente en proceso de desarrollo, pero las condiciones económicas no concuerdan con el crecimiento. Todo lo contrario, la crisis económica es mundial y no solo afecta a los países menos favorecidos sino que causa estragos hasta en las grandes potencias.

Los seres humanos hemos sido educados para prestar atención, algunas veces de forma exagerada, al tema del materialismo. «Tanto tienes, tanto vales», es una máxima para muchos que, por un afán desmedido por poseer bienes materiales, quieren demostrarle a todo el mundo que con el logro de tales fines se cumple con el propósito de vida.

Dios quiere para nosotros la prosperidad y el bienestar. Satisface nuestras necesidades materiales indispensables para vivir y también para nuestro disfrute. No obstante, vivimos sometidos a una presión, a veces extrema, en el aspecto económico que nos obliga a depender casi exclusivamente de objetivos materiales, lo que se convierte, en algunas ocasiones, en la carga más pesada que un individuo lleva en su vida.

Hay una historia que se repite: grandes empresarios, millonarios, artistas célebres... muchos terminan en la ruina material. Y es allí donde cobra vida la tesis de que todos podemos pasar por circunstancias similares.

Nadie está exento de la adversidad, nadie tiene garantía, ni puede exhibir un pasaporte que lo lleve a otro destino, saltándose el peligro. Hay personas que lo han perdido todo en el aspecto material y quedan varadas en ese episodio de su vida, sin poder asumir otras actitudes que les permitan avanzar más rápido hacia otro nivel y obtener resultados visibles. Son las personas que viven añorando lo que poseyeron, lo que fueron y el poder o la condición económica que les permitía vivir con comodidad, con diversión y tranquilidad. Estas personas permanecen ancladas años, décadas o quizás toda la vida, presas de un sentimiento de frustración que los mantiene paralizados y no les permite visualizar otras oportunidades.

Aunque no podemos subestimar los daños que implica el fracaso material en la vida de algunas personas, sí necesitamos encontrar opciones que nos ayuden a superarnos y a incorporar en nuestras vidas estrategias para seguir adelante. No hay mejor medicina que la que proviene de la Palabra, la única que reconforta el espíritu y te devuelve la energía, acercándote a la luz.

3. La traba profesional

En mi época de estudiante, en mi país, la gran mayoría de los jóvenes teníamos opciones bastante definidas acerca de lo que deseábamos estudiar en la universidad. Albergábamos el sueño de convertirnos en profesionales en tal o cual carrera. Creo que todos demostrábamos ciertas tendencias muy marcadas hacia determinados campos de acuerdo a nuestra vocación y a los dones con los que fuimos bendecidos.

Las profesiones tradicionales han quedado relegadas con el paso de los años precisamente a eso: tradiciones. El desarrollo y el crecimiento de la sociedad han hecho que surja un menú de profesiones, especializaciones y ocupaciones profesionales nuevas, inimaginables. Las generaciones anteriores estudiaban carreras profesionales y usualmente trabajaban en el campo de su profesión. Pero, por una serie de cambios complejos hoy en día, las personas se pueden ver obligadas a desplazarse a otros escenarios profesionales que rompen con sus esquemas y proyecciones.

Algunos se atan a su profesión y cuando se ven obligados a desempeñar otra labor se sienten muy afectados y quedan atrapados en un descontento que les imposibilita visualizar y asumir un proceso de adaptación a las circunstancias. Viven lamentando el tiempo que perdieron estudiando, preparándose en algo que no terminó encajando en el rompecabezas de su propia vida. Como decíamos anteriormente, no tenemos la certeza de que nuestros objetivos vayan a cumplirse de la forma que nos habíamos propuesto, ya que pueden presentarse eventos que nos desvíen de ese camino para llevarnos por otros dentro del propósito que Dios tenga para nuestras vidas.

4. La traba de las tradiciones y creencias

No podemos existir sin tener referencias acerca de nuestro pasado. Una cosa son las referencias como parte de nuestra historia personal y otra cómo interpretamos experiencias, costumbres y usos en nuestro desarrollo personal. Hoy en día, el poder de la tecnología y de las comunicaciones nos permite un gran acceso a la información. Hay un beneficio inmenso que se deriva de la comunicación instantánea y de un fácil acceso al conocimiento de lo que ocurre casi en todo nuestro planeta.

Esto significa que cada vez estamos más globalizados y somos más internacionales. Las nuevas generaciones son más modernas, más tecnológicas y menos apegadas a tradiciones y creencias. Para ellos hay una serie de códigos nuevos y una disposición distinta para enfrentar el mundo. Aún así, para un gran número de personas las tradiciones y creencias son el mapa mediante el cual van a conducir su vida.

Como decía con anterioridad, necesitamos referencias. Es importante disponer de una memoria histórica para comprender de dónde venimos, nuestra cultura. Es necesario y también muy gratificante, disfrutar de la idiosincrasia de nuestro país, de nuestra gente y de todo con lo que nos identificamos de forma genuina. Sería un acto de desnaturalización, no reconocer estas diferencias, no disfrutarlas o no transmitirlas a las nuevas generaciones. Pero, es motivo de preocupación cuando nos dejamos guiar por ciertas tradiciones y creencias, y nos atascamos en el pasado, dejándonos llevar y sin poder incorporar mejores habilidades para nuestro crecimiento personal.

El grave riesgo de vivir resentidos

Ya hemos visto que los sentimientos negativos como la ira, el resentimiento y algunos otros, nos alejan del equilibrio y del bienestar personal. El resentimiento es un enemigo mortal en la existencia de muchas personas. A través del resentimiento se llega a aborrecer la vida misma y a perder la oportunidad de encontrar el propósito que tienes en tu vida.

La experiencia de vivir viene acompañada de eventos y episodios intensos. Algunos, como sabemos, no son claramente comprensibles para nuestra naturaleza humana, porque son inesperados, imprevisibles y con consecuencias extremadamente dolorosas. La vida es un devenir de pruebas, en circunstancias positivas y negativas. Algunos creen que únicamente somos probados en la desolación, el fracaso y más bien en las caídas. Mi opinión es que nos medimos no solo en los momentos de declive, sino también cuando llegamos a la cúspide de la montaña y estamos llenos del elixir del éxito. En esos momentos es cuando la prueba es más intensa y sale a relucir quiénes somos realmente y qué podemos hacer en nuestra vida.

En todo caso, las pruebas son difíciles y requieren esfuerzo. Lo expresa bien el refrán: «Sin dolor no hay ganancia». Me recuerda la vida de los atletas, el régimen de preparación al que se someten, la perseverancia, la dedicación, la entrega y los diversos sacrificios para poder competir. Los deportistas luchan por alcanzar un resultado y se entrenan con ese propósito.

Hoy en día los entrenadores deportivos se concentran también en fortalecer el espíritu deportivo y en desarrollar protección para el bienestar emocional y no solo en el cuidado del cuerpo y la preparación de las condiciones físicas. Los niveles de frustración de un deportista pueden ser destructivos y extenderse a otras áreas de su vida personal.

Si comparamos la vida de un deportista y la vida de cualquier ser humano podemos concluir que hay tres elementos trascendentales: el primer elemento es un individuo con un propósito; el segundo, requiere una preparación en función de ciertos talentos y habilidades; y el tercero, la existencia de una competencia que puede representar la prueba.

La vida de todas las personas se asemeja a una carrera que requiere de nuestros mejores esfuerzos y del mejor aprovechamiento de nuestros dones para alcanzar los mejores resultados en las pruebas que nos corresponderán enfrentar. El gran «entrenador» de nuestras vidas es Dios, y Él nos exige y nos ayuda a canalizar nuestros esfuerzos.

Cada uno debe competir consigo mismo para demostrar que puede ser mejor que ayer, que se puede superar y que su discernimiento espiritual le brinda herramientas importantes de transformación.

Aun así, la prueba más difícil es la que proviene de lo que dejaste de alcanzar, de lo que perdiste, de lo que careces. Esta es la reina de las pruebas, porque es la que genera emociones y sentimientos negativos en tu existencia. Estas carencias son las que abren las ventanas para que los vientos de derrota se apoderen de ti, te paralicen a través del temor y te envuelvan con el resentimiento.

Cuando estás resentido contigo mismo, te resientes de la vida, de tu propósito y te desconectas del contexto de tu competencia. El resentimiento te aparta del enfoque, del perdón, de la aceptación, del liderazgo, de la gratitud y de la fe. Veamos por qué.

Consecuencias que sufren las personas resentidas

1. El resentido no encuentra con facilidad concentración en lo que más le conviene. Al no estar enfocado, carece de visión.

2. El resentido puede llegar a no perdonarse ni siquiera a sí mismo. Es tal su propio sentimiento adverso que asume la culpabilidad como solución ante las circunstancias.

3. El resentido no se acepta a sí mismo, desarrolla un mecanismo para no tener que enfrentar lo que experimenta y busca excusas de todo tipo.

4. El resentido no agradece su propia vida. No ve bendiciones, ve la vida desde un ángulo de reclamación.

5. El resentido pierde el liderazgo consigo mismo y con los demás. No refleja motivación ni invita a nadie a que lo siga.

6. El resentido deja de creer en sí mismo. Pierde la esperanza y la fe en Dios.

7. El resentido termina abandonándose, se siente inútil y se deprime.

8. El resentido se alimenta de percepciones equivocadas y predice un futuro negativo para sí mismo.

9. El resentido termina siendo injusto y extremadamente hostil.

En mi libro *La belleza de saber vivir*, comparto acerca de la naturaleza del ser humano comprometido con el crecimiento personal y expongo ampliamente estos conceptos. Solo si logramos expulsar de nuestro interior los enemigos del bienestar espiritual como el resentimiento, podemos alcanzar mejor calidad de vida y continuar en un proceso de sanidad.

Del resentimiento al odio

El resentimiento conduce a la amargura. He conocido a personas que han tenido bendiciones maravillosas en su vida, pero que también, como todos, han experimentado períodos adversos de tristeza y dolor. He visto de cerca cómo estas personas se han transformado en seres irreconocibles que sustituyen sus mejores virtudes por actitudes miserables que no les permiten reconocer sus bendiciones. Las consecuencias de una vida llena de resentimiento van más allá de lo que creemos.

Quien se llena de resentimiento le abre la puerta al odio. El binomio resentimiento-odio crece en la interioridad, abarcando cada vez más espacio y desalojando los dones, los talentos, los valores y las virtudes de una persona.

Por esto muchas veces decimos que tal o cual persona «no es ni la sombra de lo que fue». Cobra valor el título de este libro, pero en sentido contrario, porque mientras más lejos están las personas de la luz, mayor será el reflejo de su sombra negativa.

El amor es la base para una vida plena para ti mismo y para los demás, es el más grande de los sentimientos, el más noble. En el amor hay esperanza, consuelo, solidaridad y entrega. El odio por su parte es la representación de lo más perjudicial. Es el liderazgo del mal, expresado en un ser humano.

Recomendaciones para combatir el resentimiento

1. Entiende que para vivir en equilibrio son fundamentales la aceptación y la tolerancia y reconocer los eventos y las circunstancias de la vida, aceptándote a ti mismo y a los demás.

2. Practica el perdón como una estrategia de sanación y restauración especial. Perdónate a ti mismo y proyéctalo hacia los demás.

3. Ten humildad, deja de pensar que no mereces pasar por lo que te sucede y practica la generosidad y la sencillez.

4. Busca inspirarte con la vida de otras personas, incluso de grandes líderes que destacaron por practicar el bien. Te sorprenderás por la intensidad de las injusticias y de las carencias que padecieron.

5. Sé agradecido, valora tus dones y bendiciones; el mal es escandaloso y el bien puede ser muy silencioso. Celebra tus victorias.

6. Incorpórate a causas con liderazgo espiritual y practica el discernimiento para cultivarte internamente.

7. Sé paciente y perseverante en la superación de los obstáculos. En las tormentas de la vida serenamos el alma y podemos aprender del dolor.

8. Practica la cordialidad y genera sentimientos sanos de amor y aprecio en lo que haces, y hacia los demás.

9. Transforma tus pensamientos negativos y confía en el propósito que tienes en la vida. Inspírate con pensamientos positivos y llena tu vida de esperanza.

10. Considera que las injusticias forman parte de la vida.

11. No pretendas juzgar el funcionamiento del mundo.

12. No te bases en lo que perdiste, en las carencias o en las injusticias del pasado.

13. Entrégale tus cargas a Dios, suelta tus trabas y camina ligero y con paso firme para descubrir lo mejor de ti.

Combatir los pensamientos errados del pasado

Parte del ejercicio de mirar atrás para hallar aquellas experiencias de las que puedes aprender, es revisar algunas de tus maneras de pensar y analizar la identidad que se forma alrededor de ti mismo, como consecuencia de experiencias que no fueron superadas de manera positiva.

Muchos autores han desarrollado teorías sobre el efecto devastador que tienen los pensamientos en el destino de las personas. Investigadores, científicos y médicos parten de la base de que los pensamientos se apoderan de la voluntad de los individuos, en otras palabras, defienden la tesis de que las personas terminan siendo lo que piensan. Pero, ¿qué pensamos y cómo pensamos? ¿Vivimos en una constante distorsión que no nos permite encontrar la realidad?

Cuando miramos atrás y revisamos algunas páginas de nuestra existencia, seguramente encontramos que muchas de nuestras creencias provienen de pensamientos errados, que al final de la jornada se han convertido en interpretaciones poco ajustadas a la realidad. Las emociones negativas como la ira, el estrés, el resentimiento y la depresión, no nos permiten evaluar los acontecimientos de la mejor manera.

Nuestra mente puede dar paso a una película de terror a través de la que percibimos el desarrollo de nuestra propia vida. Esto les ocurre a muchas personas en el mundo en que vivimos. Se genera un círculo vicioso y muy peligroso en el que alimentamos nuestra conciencia y dirigimos nuestra voluntad en función de pensamientos negativos. La fuerza que este tipo de pensamientos ejerce en nuestro interior puede ser devastadora, hasta el punto de que algunas personas pierdan el eje de su vida, sus anhelos, sus metas y la conexión que necesitan para desenvolverse de forma adecuada en el ámbito personal, familiar, laboral y social.

Hay individuos que pierden su verdadera esencia personal y se desplazan hacia una creciente y constante autodestrucción de sus propios valores, dones y talentos. Este proceso puede desencadenar actitudes perniciosas y enfermedades graves en cualquier clase de conductas.

Las enfermedades, por ejemplo, así como los pensamientos tergiversados, se instauran en la imaginación de las personas a través de recreaciones mentales, pero llegan a convertirse en condiciones físicas verdaderas, en verdaderas enfermedades.

Los pensamientos adversos se almacenan en nuestra conciencia y se quedan allí, como habitantes del complejo mundo de la interioridad del ser humano. Adquieren «personalidad, liderazgo y voz propia», llegan a ser unos íconos perfectos a la hora de promover las emociones más indeseables en el espíritu de los individuos.

Destacados autores reconocen que las personas a través de su vida y como consecuencia de sus experiencias, llegan a almacenar malos pensamientos y emociones negativas en su espíritu, que se convierten en hábitos que practican repetidamente y que se apoderan del propio yo. Este es el sendero por el que caminan estas personas, con una carga pesadísima, portando maletas difíciles de arrastrar que los hacen caminar muy lentos y tomar las direcciones equivocadas.

Hayamos familias desintegradas como resultado de la gravedad de estas situaciones, tras haber sido alguno de sus miembros influenciados totalmente por el resentimiento, los pensamientos negativos, la ira, el odio y la indolencia.

Existen herramientas para tratar con estos problemas, pero su utilización exitosa está asociada con diversos factores como el tiempo, la dedicación y la utilización de terapias que permitan reconducir procesos de pensamientos y creencias. En otras palabras, significa desmontar conductas aprendidas y asimiladas con el tiempo. Implica activar estrategias que se relacionan con la voluntad, la concienciación y especialmente, trabajar la naturaleza de las emociones y de los sentimientos que generan estas personas.

El resentimiento y los malos pensamientos transforman los sentimientos positivos en negativos, desplazan el compromiso y la empatía, y terminan haciendo mella en la esencia positiva de las personas. No tratamos entonces con una persona negativa y depresiva sino que, a veces, estamos ante un ser humano hostil, complicado y hasta perverso. Es la víctima que fácilmente se convierte en maltratador, pasándole factura a los que tiene a su alrededor, sin que le importe que sea un familiar cercano, su edad o vulnerabilidad.

En conclusión, el daño emocional causa un inmenso daño espiritual. Además del recuento de los daños y sus implicaciones, tenemos que contabilizar la dificultad para la restauración de estas personas. Pueden ser procesos muy largos, muy dolorosos tanto para quien lo sufre como para quienes le rodean. Al final aparece una sombra nefasta de persecución y condena.

Es fundamental reconocer a tiempo nuestros sentimientos ante las injusticias, la culpabilidad, la falta de aceptación. Es también fundamental que ese reconocimiento sea sobre la base de valores espirituales, porque el reconocimiento al que nos exponemos debe estar guiado por una concepción superior de la vida. No hay formulas mágicas en el mundo terrenal. Para lograr resultados necesitamos liderazgo espiritual y espacio para el discernimiento personal.

Las lesiones del alma como el dolor, las frustraciones y los puentes rotos de la vida, pueden restaurarse. El proceso de sanación lo podemos aprender cuando nos proponemos deshacer las maletas que cargamos con tanta dificultad. A partir de aquí debemos entrenarnos para fortalecer el espíritu y protegerlo con determinación, esperanza y la firme convicción de que solo a través de Dios saldrá a relucir lo mejor de nosotros.

Superar las circunstancias que te han golpeado

En una ocasión, un amigo de la familia se acercó a mi esposo y a mí para compartir la difícil situación por la que estaba pasando. Su historia nos llenó de muchísimo dolor y me hizo pensar acerca de las circunstancias que a veces los seres humanos experimentamos y que nos obligan a tomar actitudes y decisiones para poder continuar con el curso de la vida.

En el caso de nuestro amigo pudimos comprobar cómo se mostraba absolutamente incapaz de enfrentar la ruptura de su matrimonio y la desintegración de su familia, lo que le llevó a una especie de paralización que no le permitía realizar ningún tipo de examen sobre su situación, ni mucho menos tomar decisiones o emprender acciones.

Hay una diversidad de circunstancias inmensa. Pero siempre será muy útil la reflexión porque nos puede ayudar a cambiar la dimensión de los conflictos, así como también puede generar una visión diferente hacia los problemas. Los problemas no te asfixiarán como antes, tampoco golpearán tanto tu vida y la de los tuyos. Evitarás un sin número de malestares físicos o incluso alguna enfermedad.

Muchas personas se consumen por diferentes problemas, ya que el estrés o la ansiedad que les producen propician la aparición de enfermedades que atacan el sistema inmunológico. Este sistema, debido a nuestra posición de derrota ante las circunstancias, se deprime, queda sin fuerzas para atacar al virus o a la bacteria que intenta apoderarse de nuestro cuerpo. Nuestra mente controla todo nuestro ser, pero al enfocarse mal ante una situación difícil y comportarse como si todo estuviera perdido, no encuentra la forma de controlar las emociones y la angustia.

El individuo se ataca a sí mismo, cuestionando cómo hace las cosas o cómo las hizo. Se culpa a sí mismo u a otros, lo que resta a la energía necesaria para asumir una posición de combate. Cuando digo que nuestra posición ante la vida debe ser combativa no es porque vayamos a hacerle daño a nadie; por el contrario, debemos lograr por encima de todo no perjudicar a los demás, al mismo tiempo que es fundamental evitar hacernos daños a nosotros mismos. Al referirme a una posición de combate, no me refiero a desarrollar una actitud de orgullo, arrogancia o prepotencia, tampoco de indiferencia quitando importancia a las situaciones. No implica atacar al otro, es sencillamente estar listo con todas nuestras «armas» y con el conocimiento preciso sobre la situación que tenemos que enfrentar.

Como decía antes, una de las mejores opciones para enfrentar las circunstancias adversas de la vida es la reflexión. Reflexionar no es otra cosa que desarrollar una introspección profunda para conocer nuestras habilidades ante las circuns-tancias; es también pedir opiniones a personas confiables y es cultivar el carácter positivo, entendiendo la importancia de saber cómo nos enfrentamos a esos momentos difíciles.

Dependiendo de nuestra actitud, las consecuencias podrán ser más o menos fuertes, las tormentas nos sacudirán, pero no nos derrumbarán. La actitud positiva no se puede tener, no se puede asumir, no se puede tomar prestada, no se puede imitar, no se puede comprar. La actitud positiva solo se puede obtener y reflejar, cuando aceptamos las situaciones que atravesamos, no porque nos agraden, pues a nadie le gusta enfrentar problemas o vivir en una constante incertidumbre en cuanto a lo que pasará mañana.

Sin embargo, la vida es así. Está llena de peligros, de ries-gos, de tentaciones nada productivas para nuestro crecimien-to personal. La vida nos presenta obstáculos que debemos derribar o superar, pero nunca debemos darnos por vencidos ni quedarnos inmóviles, compadeciéndonos de nosotros mismos.

Al despertar todas las mañanas lo primero que pienso es en agradecer a Dios por tener un nuevo día para continuar con mi misión en la vida. Doy gracias por las bendiciones, a pesar de tener diversas preocupaciones o situaciones difíciles por resolver. Las bendiciones, aunque puedan parecer peque-ñas ante los ojos de otras personas, son muy grandes porque le dan proporción a la vida. Sé, por convicción, que nos dan las fuerzas para continuar y disfrutar de la vida diseñada por Dios para nosotros. Una vez que nos levantamos y preparamos para salir debemos revestirnos como guerreros, para enfrentar y aceptar las batallas que nos esperan de la puerta de nuestra casa hacia afuera. Eso es lo más importante, librar las grandes batallas al lado del vencedor que es Dios.

Recomendaciones frente a las situaciones que te han golpeado

1. Considera que la vida siempre te traerá circunstancias, obstáculos, cambios y problemas para enfrentar.

2. Plantéate examinar y reflexionar profundamente sobre las causas que los provocan y las consecuencias que causan en tu vida.

3. Considera que hay circunstancias en las que no es posible discernir una causa o que no se producen por algún hecho asociado con tu responsabilidad. Pueden ser fortuitas.

4. Genera dentro del contexto de las circunstancias, actitudes positivas que contribuyan a la obtención de algún beneficio de la situación.

5. Mantén una actitud humilde todo el tiempo, arrópate con ella. No agredas, no culpes a otros ni a Dios. No seas arrogante.

6. Por último entrégale todo a Dios, tu dolor y tu sufrimiento. Recuerda que Dios lo puede todo y te puede dar la fortaleza para soportar los momentos cuando las circunstancias te han golpeado.

No importan las caídas, lo importante es cómo levantarse sin temor

La adversidad nos hace caer; sin embargo, aunque experimentemos caídas, debemos enfocarnos en la superación, en la interpretación de lo que nos ha pasado y en nuestro camino para seguir adelante. Tendemos a perder de vista el significado de fracasar. Nos cuesta comprender que fracasar es aprender y que el desarrollo de destrezas, la adquisición de aprendizajes y experiencias invitan al fracaso. Sin fracaso no hay progreso. Cuando dejas de caer, dejas de aprender. El fracaso es importante para el éxito, si lo ves como una oportunidad para aprender.

Durante veintiocho años, Abraham Lincoln experimentó un fracaso tras otro. Perdió varias veces. En 1848 perdió su segunda nominación al Congreso, tampoco fue aceptado como oficial en 1849. En 1854 perdió en el Senado. No obstante, estos fracasos no lo detuvieron en su lucha. Dos años después buscó la nominación de vicepresidente en la Convención de partido y perdió. Fue de nuevo derrotado en las elecciones al Senado en 1858. Lincoln no se dio por vencido, y en el 1860 fue elegido presidente, y pasó a la historia como uno de los mejores presidentes que ha tenido Estados Unidos de América.

El éxito o el sentido del logro no es la ausencia de fracaso. Representa la determinación de nunca darse por vencido porque «los que se detienen nunca ganan y los ganadores nunca se detienen». En la vida real nuestros temores nos llevan muchas veces a querer protegernos del fracaso, alejándonos de la maravillosa oportunidad de aprender. Ese miedo puede aniquilar tus esfuerzos y hacer que el éxito parezca imposible. El temor es mal compañero, te alimenta de desconfianza y despropósito. El temor te detiene, te paraliza y te desmoraliza. Se convierte en una percepción anticipada de los hechos y aunque en algunas ocasiones protege, su naturaleza y su intensidad provocan, de forma más significativa, consecuencias nada beneficiosas.

¿En qué se pueden fundamentar nuestros temores?

1. *En el temor a la crítica o al rechazo.* Este temor se encuentra estrechamente ligado a la necesidad de aceptación social. La gente hace grandes esfuerzos por adaptar su conducta para evitar la crítica de otras personas. Dicho temor puede privarte de la singularidad que te llevaría a asegurar el éxito. Al deshacerte de

demasiadas cualidades individuales, destruyes la creatividad, la iniciativa y la autoestima inherentes que Dios te dio para que logres tus metas.

2. *En el temor a lo desconocido.* Es otro elemento que nos aleja del éxito. Muchas veces la necesidad de sentirnos seguros y de saber dónde pisamos, nos aleja de tomar determinados riesgos. Nuestro temor a lo que vaya o no vaya a suceder, tal vez no nos permita hacer aquellas cosas que harán que suceda lo que queremos.

3. *En la preocupación.* Las preocupaciones se apoderan de tu mente, de forma sutil y gradual, hasta que inmovilizan tu iniciativa, la confianza que tienes en ti mismo y la capacidad para razonar. La preocupación no sirve para nada, porque muchas de las cosas que nos preocupan nunca llegan a ocurrir y porque mientras nos distrae pensando en algo que tal vez acontezca, no nos podemos concentrar en aquello que garantice lo que deseamos que suceda.

Cómo vencer los temores que nos alejan de nuestra prosperidad

1. *Desarrollando el poder de escoger.* El temor llega a inhibirnos únicamente cuando se le permite controlar nuestra vida hasta el punto de provocar inactividad e

indecisión. Tenemos la capacidad de elegir entre el temor y la audacia, de apartarlo de nuestra vida.

2. *Combatiendo temores sin fundamento.* Erróneamente creemos que el objeto de nuestro temor puede dañarnos más de lo que en realidad puede. El verdadero daño proviene del temor en sí. Analiza qué temes y qué sucedería si aquello que temes llegara a pasar.

3. *Reemplazando pensamientos.* Los temores son pensamientos. Puedes reemplazar esa manera de pensar negativa con ideas positivas, expectativas razonables y una nueva actitud hacia las experiencias obtenidas del aprendizaje.

Mirar hacia delante buscando la luz

Las circunstancias que nos han tocado vivir cada vez son más complejas y desafiantes. En nuestra jornada diaria, experimentamos constantes retos que nos plantean adoptar actitudes y pensamientos para ayudarnos a mantener una visión esperanzadora en nuestro horizonte.

Siempre he sido una persona optimista y aún en momentos inciertos he tratado de mantener una posición orientada a generar seguridad y confianza en mí misma. Las expresiones afirmativas que predominan en mis pensamientos me han servido para matizar mis sueños y convertirlos en metas. De esta forma, he enfrentado situaciones y he logrado salir victoriosa como en el concurso de Miss Universo. También he emprendido algunas facetas profesionales importantes en mi vida con el transcurso de los años.

Así como las palabras tienen un efecto directo y poder de convicción, los pensamientos son poderosos y creativos para bien o para mal. Los éxitos se gestan en tu mente y se abonan con tus pensamientos. No basta con ser inteligentes, debemos desarrollar nuestra inteligencia espiritual ya que puede servirnos de base para que nuestros anhelos positivos, ideales constructivos y sueños razonables crezcan y sean transformados en realidad.

Muchas personas se dejan llevar por el mal del negativismo y construyen escenarios amenazantes alrededor de sus deseos. Les resulta entonces más fácil desanimarse y renunciar a sus sueños que combatir esos pensamientos y librar la batalla con una nueva actitud.

Claro está, en la vida no todo se logra de la manera como lo concebimos en nuestra mente; sin embargo, sí es cierto que el trabajo de tu mente te acerca al logro de mejores propósitos de vida. Al mismo tiempo que al recrear tu mente con planteamientos de esperanza y metas constructivas produces bienestar, equilibrio y enfoque. Siempre hemos oído decir que las personas reflejamos por fuera cómo somos por dentro, o que el rostro es el espejo del alma. Estoy convencida de que cuando llenamos nuestros pensamientos con optimismo y realizaciones, reflejaremos una imagen corporal plena, saludable irradiando y transmitiendo confianza y seguridad.

Siempre existe la posibilidad de volver a empezar. Por eso te invito a poner en práctica las expresiones afirmativas que sustentarán tus propósitos y sueños, y todo lo bueno que tienes por delante, con el brillo de la luz.

Cuando mires atrás, recuerda las siguientes recomendaciones:

1. Bloquea la tendencia a pensar mal y a predecir negativamente los resultados de tus actuaciones o de lo que esperas alcanzar.

2. Al levantarte, en tus oraciones, pídele a Dios confianza y desarrolla la motivación en ti mismo, identificando mentalmente logros y aciertos.

3. Contabiliza tus errores y desaciertos como experiencia para aprender a vivir y sacar lo mejor de ti.

4. Desecha hábitos innecesarios y actitudes poco gratificantes ejerciendo una transformación gradual en tu comportamiento diario.

5. Cree firmemente que tienes oportunidades y enfócate en ganar terreno para que tus talentos y fortalezas sean demostradas y aplicadas.

6. No te desanimes en el camino, no dejes de avanzar, no renuncies, aun cuando te sientas en contra de la corriente.

7. Lleva cuenta de tu avance y celebra tus logros para desarrollar tu crecimiento espiritual.

8. Comparte con los demás tu visión espiritual hacia el logro, para así animar a otros a construir una plataforma de expresiones positivas.

9. No olvides que las expresiones optimistas son alimento para tu creatividad personal, para tu seguridad y para fortalecer los ideales y el propósito para el cual Dios te ha creado.

Y recuerda, acércate a Dios y pídele que te ayude a deshacerte de las trabas del pasado para mirar hacia adelante, hacia Él. Así disminuirás al máximo tu sombra negativa, como en un mediodía radiante de LUZ.

¡Adelante guerrero(a), tú sí puedes!

CAPÍTULO 4

Crecer en control emocional

En capítulos anteriores hemos reconocido las piedras que se adhieren a nuestra personalidad, así como los hábitos negativos que forman capas que acaban por proyectar sombras muy densas y negativas que opacan la proyección de nuestra luz. En este capítulo vamos a profundizar sobre las emociones y cómo estas al desatarse con furia nos «encadenan» y nos dañan, haciéndonos esclavos de un futuro marcado por el desequilibrio, la ruina emocional y la frustración. Quienes controlan sus emociones reconocen cómo intervienen sus sentimientos y advierten a su propia conciencia con el fin de tener mayor certeza para guiar su vida y alcanzar un mayor crecimiento personal.

Tenemos que aprender a controlar las emociones desde niños. Los niños y jóvenes encuentran dificultades en las condiciones familiares y la disfuncionalidad del núcleo familiar para transformar las circunstancias a las que la vida los enfrenta. Una generación creciente de personas debilitadas y afectadas por comportamientos que no les permiten encontrar soluciones y equilibrar el proceso de vida representa un grave riesgo y predispone a la victimización.

En mi libro *La belleza de saber vivir*, aparece el equilibrio como parte de los nueves pasos para mejorar tu vida. En ese capítulo, la vida es comparada con una cuerda floja y el equilibrio es esencial. Pero, para conseguirlo, hay que intervenir y trabajar, pues requiere de ciertas estrategias. Como sabemos, las presiones del vivir diario nos amenazan constantemente para que perdamos el equilibrio y carezcamos de autocontrol.

El equilibrio es un factor fundamental y debemos considerarlo a menudo a lo largo de nuestra vida. Cuando estamos equilibrados nos sentimos bien y podemos desenvolvernos con libertad. Pero al mismo tiempo, caminar con equilibrio también te permite entender que existen circunstancias y factores fuera de tu alcance, sobre los que no puedes actuar por desconocimiento u otros motivos. Llevar una vida equilibrada es mantenerte constante, nivelado y con fuerza en tu hacer y estar. Ninguna situación ni nadie nos pueden regalar el equilibrio. Este no lo proveen las personas de nuestro entorno ni el trabajo ni la familia.

La única fuente para obtener el equilibrio es trabajar contigo mismo cultivándolo, permitiéndole madurar y haciéndolo parte integral de tu vida. Debes considerarlo un hábito que debes incorporar a tu agenda diaria. Es así como añades a tu vida dominio propio, es decir el autocontrol que sacas de tu interior y que Dios te permitirá hacer crecer en tu camino para lograr un equilibrio lleno de bienestar y paz. Gran parte del sufrimiento del ser humano reside en la falta de autocontrol y de autodisciplina. El autocontrol se manifiesta a través de tu aprendizaje y de tus elecciones. Implica en muchos casos la opción de elegir por encima de los desafíos, de los temores, de las amenazas, de las tentaciones, de lo placentero. Se reduce a decir «no» a una elección destructiva y «sí» a una elección positiva. Sin embargo, nadie está exento de las consecuencias y de los avatares de la vida y especialmente de las emociones a las que nos podemos encadenar y que nos alejarán, al final, de mejores opciones para enfrentar los episodios con los que la vida nos sorprenda.

Las emociones «en balanza»

En reiteradas ocasiones pensamos: *¿Por qué no puedo simplemente obedecer a mis sentimientos, mis emociones, en lugar de autodisciplinarme para lograr ciertos objetivos?*

Quizás no te hayas detenido a pensar en la necesidad prioritaria de lograr el equilibrio interior en tu vida antes de que el mundo a tu alrededor te lo brinde. Casi siempre tenemos expectativas de alcanzar estabilidad a través de las actividades en las que nos involucramos. Sin embargo, en cualquier instante puede romperse esta estabilidad. Es entonces, cuando se nos viene todo encima y enfrentamos una fuerte desilusión y tristeza al haberse desvanecido el equilibrio externo sin que sepamos si en algún momento volverá a restablecerse.

Generalmente no se restablece del mismo modo sino que sufre cambios pequeños o grandes, que dejan huellas y heridas, y que modifican nuestra percepción de la situación que creíamos equilibrada. El equilibrio no lo vas a encontrar fuera de ti, está en tu interior. Solo tendrás la oportunidad de activarlo utilizando el autocontrol y desarrollándolo como hábito en tu vida.

El autocontrol es uno de los hábitos positivos que generan más ganancia espiritual. Es un fruto del espíritu que nos brinda el alimento necesario para fortalecernos y perseverar ante las pruebas. Se alimenta de la humildad y de la paciencia, imprescindibles para desenvolverte de forma cotidiana.

Hay una necesidad de lograr el equilibrio porque si nos retrasamos en conseguirlo los episodios y las circunstancias que enfrentamos se encargarán de robarnos nuestra tranquilidad. La falta de tranquilidad te quita el espacio indispensable para aprovechar el tiempo, tanto en tu trabajo, como en tu vida personal o familiar. Por más horas de que dispongas para tus responsabilidades, si no dispones de la tranquilidad necesaria, no podrás avanzar en tus objetivos y, como consecuencia, te caerás de la cuerda donde tenías que sostenerte.

En los momentos en que se pierde el equilibrio, las emociones pueden convertirse en tiranos que nos mantendrán bajo sus reglas y nos impedirán disponer de la libertad esencial para desarrollar nuestra función.

Podemos comparar el equilibrio con una balanza donde se pesan dos o más objetos. Al tener los objetos el mismo peso, se mantendrán en una misma posición los dos lados de la balanza; en caso contrario, el lado con mayor peso inclinará la balanza a su favor, quedándose fija allí. Nosotros no somos una balanza, somos más bien los que la sostenemos. Si lo analizas, para mantener el equilibrio es necesario estar en acción constante, tratando de conseguir que las emociones estén en un equilibrio perfecto; ni más ni menos.

Las emociones pueden ser aliadas o enemigas de nuestro comportamiento y por tanto, podemos terminar convirtiéndonos en víctimas de ellas si no sabemos cómo pasarlas por un filtro como el autocontrol. Este tendrá la tarea de determinar la calidad de las emociones, las impurezas existentes en las mismas, extrayendo lo innecesario y dejando lo que sea beneficioso para enfrentar un momento determinado. Así evitaremos remordimientos por lo hecho o experimentado en el pasado.

En este capítulo, vamos a revisar nuestras emociones más comunes y veremos cómo podemos madurar ejerciendo control sobre las emociones y sus posibles daños. Debemos buscar un equilibrio espiritual y emocional, que nos permita la superación y el equilibrio personales para alcanzar el bienestar. Tengamos como desafío proyectar luz y reconocer valores espirituales. No se trata de inteligencia emocional solamente, es primordial que nuestros valores y principios espirituales, alimenten la personalidad y nos moderen para entonces dirigir el pensamiento adecuadamente y desplegar nuestros talentos intelectuales.

Antes que situar y reconocer tus dones necesitas el reconocimiento del espíritu. Solo así con la ayuda de Dios emprendes el camino del verdadero bienestar integral que como ser humano te corresponde.

Reconocer las emociones

El autocontrol o dominio propio, es decir, tu habilidad para enfrentar, interpretar y asumir la adversidad o la prosperidad, es vital en el proceso del crecimiento y mejoramiento personal. La estabilidad personal disminuye ante la presencia de emociones perturbadoras, debilitadoras y de intensidad prolongada.

Tipos de emociones

1. *Las gratificantes*: son las emociones eufóricas que se enmarcan dentro de eventos y episodios de entusiasmo, agradables y de dicha.

2. *Las neutrales*: nos producen sentimientos de baja connotación emocional alrededor de momentos o circunstancias aisladas y distantes.

3. *Las extremas*: son las que giran alrededor de hechos contundentes, graves, perturbadores, profundos y con efectos perjudiciales.

Nos ocuparemos en este capítulo de las emociones extremas, es decir, aquellas que alteran nuestra necesidad de bienestar y secuestran nuestra tranquilidad personal, alejándonos del equilibrio necesario para discernir y enfrentar la vida con acierto y valentía. Repasaremos la ruta que toman esas emociones y cómo se apoderan de nuestra voluntad y acorralan nuestras actitudes y aptitudes, limitan nuestra libertad y dominan nuestros estados de ánimo.

Algunos autores sostienen que en la sorprendente estructura del cerebro humano no han encontrado señales claras para prevenir nuestra reacción ante ciertas emociones. Esto quiere decir que aparentemente no se identifica con claridad la eficiencia con la que nuestra mente emite señales para el control emocional. Pareciera que carecemos de habilidades nítidas para reconocer las sendas que toman las emociones, cómo serán ciertas emociones y cuándo nos pueden atacar. Siendo así, es evidente que el espíritu como decíamos al comienzo, juega un papel estelar en el proceso de controlar las emociones. Su influencia es mucho mayor que la suma del valor de tu intelecto, tus experiencias, tus reflejos, tu intuición y tu voluntad.

Siete cadenas que nos atan a emociones extremas o descontroladas

Las expresiones comunes de las emociones extremas se manifiestan a través de estados de ánimo negativos, que actúan como cadenas esclavizándote muchas veces incluso de por vida, estas son: la preocupación, la tristeza, la ira, la ansiedad, la depresión, el resentimiento y el pesimismo.

Cadena #1: preocupación

La presencia de la preocupación sugiere un ataque emocional caracterizado por una constante percepción de peligro y de temor con respecto a algún asunto, evento o circunstancia. Generalmente la preocupación es una suposición, es una visión anticipada de un hecho antes de que ocurra. Este embate emocional suele ser crónico, repetitivo y tiene un efecto poderosamente bloqueador en el raciocinio de la persona. La obliga a observar su situación desde un punto de vista único, por lo general, poco positivo.

Cadena #2: tristeza

La melancolía o tristeza constituye un estado de ánimo que nos sumerge en un sentimiento de pérdida, de abstracción, que disminuye nuestro interés por la distracción y el ocio. Ya hemos visto que mediante este estado de ánimo las personas centran su atención en lo que ya no tienen, en lo que no disfrutan, en lo perdido y reducen considerablemente su nivel de atención, interés y motivación para iniciar nuevos objetivos y mantener el equilibrio de sus actividades cotidianas.

Cadena #3: ira

Los sentimientos de cólera, rabia y animosidad caracterizan un estado emocional extremadamente peligroso que llena a la persona de resentimiento, irritabilidad, conduciéndola a situaciones extremas que pueden desembocar en violencia y odio hacia los demás y hacia sí misma.

Los medios de comunicación nos muestran diariamente noticias realmente alarmantes relacionadas con el descontrol emocional. La furia se evidencia de muchas formas y representa un grave peligro para las personas que la padecen.

Las emociones negativas son muy perjudiciales para la salud emocional y física. Las personas pueden desarrollar incluso una tendencia a contraer distintas enfermedades crónicas. Diversos estudios han demostrado que las personas que sufren de estos estados emocionales tienen mayor riesgo de sufrir desequilibrios biológicos, que las hacen más susceptibles a padecer los mismos daños que provocan ciertas enfermedades o el consumo de drogas.

La ira aumenta el calor del cuerpo y la presión sanguínea, y de acuerdo con distintas investigaciones clínicas, es considerada como el estado emocional que más daño causa al corazón. La ira adoptada como parte de un estilo personal caracterizado por actuaciones constantes y repetitivas, con tendencia a manifestaciones de violencia verbal o física, a la crítica ácida, al cinismo y al desprecio es, en conclusión, de las más nefastas expresiones del descontrol emocional.

Cadena #4: ansiedad

La vida que llevamos en este mundo favorece la aparición del estrés. Esto no es nada nuevo, todos lo podemos sufrir, porque la existencia está plagada de problemas, carencias y sucesos terribles. Aunque los seres humanos buscamos generar y desarrollar una vida de armonía y perseguimos el bienestar constantemente, somos habitantes de un planeta donde el bien es silencioso y el mal con todas sus variantes y consecuencias es muy escandaloso. Los medios de comunicación manipulan muchas veces la información a través de noticias sensacionalistas y dando un énfasis mayor a las malas noticias. Esto supone un caldo de cultivo para la ansiedad, que no es otra cosa que una perturbación generada por las presiones de la vida misma.

La ansiedad es un trastorno que modifica nuestro patrón de conducta regular provocando exasperación, inquietud, aprensión e incertidumbre. La ansiedad se manifiesta en forma de ataques constantes de forma desproporcionada y fuera de contexto. Diversas investigaciones científicas vinculan esta emoción con niveles de estrés elevados y la relacionan con enfermedades como el cáncer.

Cadena #5: depresión

Con el comienzo de este siglo ha aumentado la presencia de la depresión en el mundo. De hecho, las nuevas generaciones tienden a adoptar la depresión como parte de la vida y lo que es peor, se evidencia también una creciente estadística de depresión infantil. Todo esto nos indica que la depresión se está desarrollando cada vez a edades más tempranas. Y este auge hace que en cada generación de jóvenes haya una mayor propensión a los riesgos de sufrir una depresión. La depresión se manifiesta con síntomas consistentes en desinterés, apatía, desaliento y un estado de neutralización o paralización envolvente en las personas.

En este proceso juega un papel muy importante el resentimiento, la melancolía acumulada y la frustración. La forma de razonar sobre nuestras limitaciones, debilidades o sencillamente la manera de enfrentar los ascensos y descensos de la vida. Estos son elementos esenciales para reconocer la depresión y reflexionar sobre los pasos que debemos seguir para su superación y para desencadenarnos de esta penosa situación.

Cadena #6: resentimiento

Veíamos con anterioridad que una gran cantidad de las personas que sufren esta condición en su vida y que padecen sus consecuencias, se convierten en individuos derrotados y sin capacidad para enfrentar la vida en su justa dimensión. Para estas personas vivir con el signo del resentimiento significa una vida dominada por la amargura y la desesperanza. Los resentidos acaban privados de la verdadera libertad de vivir y compartir, más aún, el resentimiento en estas personas acaba dañándoles no solo a ellos sino también a las personas que tienen a su alrededor.

Nos encontramos, por una parte, la vida como tal y sus avatares y vicisitudes, por la otra necesitamos de una disposición integral para tomar el reto de superar pruebas tales como los fracasos sentimentales, la maldad, la envidia, la traición y en general, los daños a los que estamos expuestos, bien sea por responsabilidad o culpabilidad nuestra o no.

Con una acertada actitud personal y con nuestros valores espirituales, que son las mejores herramientas con las que contamos, podremos entonces desencadenarnos del resentimiento y ser libres totalmente.

Cadena #7: pesimismo

El pesimismo es una de las cadenas más pesadas porque supone una manera de ver la vida y sus episodios desde una perspectiva negativa. La persona pesimista se ubica en la categoría del perdedor, porque no visualiza el logro ni el éxito sino que proyecta la falta de resultados, y se aparta de la motivación, de la esperanza y del enfoque necesario.

Claves para romper cadenas y ejercer control emocional

Hemos acumulado experiencia acerca de lo que nos depara nuestro vivir diario, hemos compartido acerca de la necesidad primordial de alimentar el espíritu para posteriormente lograr control emocional. De lo contrario, seremos esclavos de nuestros propios actos emocionales asaltados por la desesperación, la improvisación, los mitos y ciertos apasionamientos poco beneficiosos. En otros casos, nos proveeremos de experiencias pasadas, o de referencias poco útiles para lograr un buen control emocional.

El descontrol no nos permite pensar bien, discernir correctamente. Necesitamos conocer cómo podemos utilizar valores y fundamentos espirituales claves, para romper cadenas y conquistar espacios de liberación personal y espiritual.

Claves para romper con las emociones extremas

1. La alegría: el antídoto para la tristeza y la depresión

La alegría es el sentimiento que reina en las expresiones positivas del ser humano. Las distracciones rompen con la tendencia del pensamiento a acogerse a la tristeza. Para levantar el estado de ánimo es imprescindible recurrir a diversas actividades como:

- El ejercicio físico, especialmente el aeróbico, constituye uno de los métodos más eficaces para combatir los estados de ánimo negativos.
- Las técnicas de relajación funcionan para llevar al organismo a un nivel neutro y promover ciclos reflexivos positivos.
- Comer bien, seleccionar alimentos sanos, ricos en proteínas y preferiblemente orgánicos.

- Escuchar música es otro recurso válido para superar estados de ánimo difíciles.

- Plantearse una meta realizable mediante la que se obtenga una pequeña victoria, bien sea una labor dentro de la casa o algo sencillo para resolver.

- Salir a distraerse con la realización de actividades tales como visitar a alguien inspirador, dar un paseo por la playa, montaña o un lugar de tu preferencia que te quede cerca.

- Mejorar tu propia imagen personal, vestirte bien y cuidar tu presencia física.

- Reformular tus esquemas de lo que estás viviendo, es decir, tratar de ver las cosas de una manera distinta. Proyectar en tus pensamientos optimismo y esperanza para bloquear sentimientos de dolor y angustia.

- Reír, a veces podemos reírnos un poco hasta de nosotros mismos. La risa es el mejor antídoto para un estado de ánimo determinado y produce grandes beneficios a todo tu organismo.

- El servicio a otras personas también es un recurso importante, sobre todo cuando tratamos de ayudar a los demás a superar sus aflicciones. Al hacerlo actuamos solidariamente y esto funciona poderosamente para cambiar el estado de ánimo.

- Orar es el más importante de todos los mencionados, porque es pedirle a nuestro Creador, su guía y su protección. El reencuentro constante de nuestro espíritu conectado solo con Dios, es primordial para superar cualquier estado de ánimo negativo.

2. La serenidad: el bálsamo para la ira

El arte de calmarnos aun cuando las circunstancias nos arrinconan supone la capacidad de apartarnos momentáneamente de lo que estamos experimentando. Algunas de las recomendaciones para combatir la ira son: quedarnos a solas un rato, la práctica de métodos de relajación, dar un paseo y buscar maneras para distraernos.

3. El optimismo: la vacuna contra el pesimismo

El optimismo permite ver las cosas y los hechos complejos de la vida con menos rigor y pesimismo. Como consecuencia la negatividad no podrá desplazar al optimismo del lugar que le corresponde en la vida.

Otra de las ventajas de ser una persona optimista es la facilidad para olvidar las cosas negativas a las que nos hemos tenido que enfrentar y por lo tanto, evitar convertirlas en carretas pesadas que tal vez llevemos por el resto de la vida. Con la ayuda del optimismo, esas situaciones se transforman en experiencias valiosas para el crecimiento y el desarrollo espiritual. El optimismo nos impulsa a visualizar soluciones.

4. La confianza: un calmante para la ansiedad y la preocupación

La confianza es la seguridad que nos lleva a considerarnos capaces y nos motiva para actuar en forma consistente y apropiada a las situaciones de la vida diaria. A través de la confianza alcanzamos el poder para convencernos de nuestras propias capacidades y cualidades, al mismo tiempo que aprendemos a reconocer nuestras limitaciones. Todo esto implica un proceso que trabajamos personalmente para obtener beneficios tales como desarrollar aptitudes y mantener relaciones de calidad con los demás.

Los sentimientos de negatividad: los miedos, la ansiedad, la preocupación, así como también la adopción de ciertos estándares, patrones o hábitos negativos, algunos provenientes de la educación, crean impedimentos para el desarrollo de la confianza.

He aquí algunos consejos para aumentar la confianza en nosotros mismos y ser personas fructíferas:

- Define con sinceridad tus miedos, dudas, patrones o hábitos negativos y plantéate estrategias de cambio.
- Repasa tus metas y sueños, establece un plan realista y de cumplimiento gradual con objetivos claros para alcanzarlos.

- Rechaza las palabras de desánimo, tanto internas como externas, y practica el positivismo.

- Interioriza tus reflexiones y dedica un tiempo diario a crear representaciones mentales o visualizaciones, enfrentando situaciones donde muestres confianza en ti mismo.

- Desecha todo intento de paralización y desequilibrio en tu vida. Mantente activo dentro de un programa de actividades variado.

- Identifica experiencias de vida que te sirvan de inspiración, aprende de esas personas y de su confianza y seguridad para enfrentar la vida.

- Revisa tus círculos de influencia.

- Valora constantemente tus logros y resultados.

5. *El perdón: un test para el resentimiento*

El recurso del perdón, aparte de cumplir con el sentido de justicia, opera como un antídoto capaz de contrarrestar el sufrimiento emocional interno y cualquier resentimiento que se derive de la ofensa. Este recurso no podemos ignorarlo. Perdonar es un proceso que implica varios pasos y decisiones que requieren una actitud determinada, honesta y en la mayoría de los casos, muy valiente.

El primer paso es decidir ser honesto con uno mismo y reconocer que existe una ofensa o agravio. Es imprescindible reconocer claramente cuál ha sido la ofensa de la que se es víctima y no tratar de engañarse a uno mismo o a otros pretendiendo que no ha sucedido nada.

Esto ocurre con mucha más frecuencia de la que nos imaginamos en los casos de violencia doméstica. No se debe ocultar la falta, ni tratar de justificar a la persona, minimizando o ignorando el agravio, pretendiendo ser fuerte o maduro ante los demás, cuando en realidad nos afecta internamente.

Al contrario, debemos reconocer cuánto y cómo nos perturba emocionalmente. Necesitamos aceptar el enojo, la frustración y hasta el sentimiento de desprecio hacia la otra persona que ocasionó la falta. Este primer paso te ayudará a darle nombre y apellidos al problema que afecta tu equilibrio emocional y tus relaciones con la persona que propició la ofensa. Las ofensas son heridas que dejan huellas en nuestra piel y lógicamente, causan dolor. Lo grave es que las heridas ignoradas y no tratadas a tiempo pueden convertirse en agentes infecciosos que desencadenan otros males más complejos de tratar y sanar, prolongado el sufrimiento de por vida.

El segundo paso es decidir que es tiempo de renovar tu mente y comenzar a tomar mejores decisiones en tu vida. Cada uno de nosotros opera bajo una filosofía o código ético. Son los lentes a través de los que vemos la vida y tomamos nuestras decisiones. A menudo esos lentes los hemos llevado por mucho tiempo y nos negamos a cambiarlos, a pesar de continuar sufriendo internamente. El perdón comienza tomando la decisión de ver las cosas desde otro punto de vista, decidiendo perdonar de verdad. De modo que si no has podido perdonar a alguien y sientes en tu corazón que no has cerrado ese capítulo en tu vida, te invito a que a partir de hoy comiences a tomar decisiones diferentes para que obtengas resultados distintos.

El tercer paso es decidir aprender a valorar la importancia y los beneficios del perdón. El perdón es dejar de vivir atado a las garras del enemigo, aunque este haya dejado marcas profundas en nosotros. Hay heridas mucho más profundas que otras, pero sé por experiencia propia que las profundas, cuando decidimos sanarlas, se convierten en una oportunidad inmensa para crecer en el área espiritual. No es que tengamos necesidad de pasar por situaciones injustas para crecer espiritualmente pero cuando se presentan en nuestras vidas, lo más importante es liberarse de ellas lo más rápido posible para sanar y continuar nuestro camino.

Recuerda que no perdonar es quedarse en el dolor y, peor aún, recordando con mayor intensidad lo ocurrido, minuto a minuto, día tras día, reviviendo la ofensa sin descanso.

Por eso te pregunto: «¿Merece la pena vivir con este sentimiento que te hace daño por dentro? ¿No te gustaría experimentar la sensación de liberación que produce el sacar de tu equipaje emocional esa pesada carga que arrastras desde hace tanto tiempo?». Hoy puedes comenzar el proceso de curar esas heridas emocionales y empezar a disfrutar de los grandes beneficios del perdón.

El cuarto paso es decidir perdonar a tu agresor, y este es el paso más difícil y crucial en este proceso. Es importante recordar que no necesitas el deseo de perdonar a alguien para poder hacerlo. El perdón comienza con una decisión en tu mente, que afectará al final también a tus sentimientos. Es una decisión en la que resuelves liberarte a ti mismo, transfiriendo toda tu carga y todo tu dolor emocional a Dios. Cuando perdonas a alguien no significa que debes reanudar tu relación de amistad, familiar o sentimental con esa persona, quizás no la vuelvas a ver jamás, y si esa es tu decisión, es muy válida. Lo importante es no quedarte con el dolor de la agresión. Sé perfectamente que existen cosas que no podremos olvidar, pero sí se puede dejar de sentir dolor cuando las recuerdas. Esta es mi experiencia. Gracias al perdón, las heridas cierran, dejando cicatrices, pero el dolor no permanece. Hoy puedes comenzar a perdonar a alguien que te haya ofendido, aunque no puedas hablar con esa persona cara a cara, porque no sea prudente o seguro para tu integridad física o porque esa persona no esté cerca o ya no forme parte de tu vida.

El quinto paso es el propio momento del perdón, y aquí tienes que pedir ayuda a Dios para que te dé las fuerzas para realizar una de las decisiones más importantes en tu vida: perdonar. Recuerda que las palabras unidas a un corazón honesto tienen un efecto muy poderoso en nuestras vidas. Comienza reconociendo la gravedad de la falta y expresa tu decisión de no seguir guardando sentimientos en tu corazón, asegúrate de decir claramente que perdonas a esa persona por las faltas cometidas y el dolor que todo eso trajo a tu vida. Seguro que este momento será muy difícil e incluso quizás sea muy doloroso, pero te aseguro que te traerá muchas bendiciones. Podrás reanudar tu camino con mayor paz al sentirte por fin liberado(a) de esa carga en tu corazón.

La necesidad de madurar espiritualmente

El valor que le asignamos a nuestra mente, cuerpo y espíritu cobra muchísimo significado estratégico en nuestro desarrollo personal a través del tiempo. Un espíritu maduro es la pieza vital en el engranaje del ser humano. Debemos enaltecer el espíritu, transformarlo, reforzarlo para que así pueda madurar progresivamente. La búsqueda del equilibrio en la vida y el control de las emociones, tema que nos ocupa en este capítulo, es un objetivo que debemos plantearnos de forma significativa en nuestro proceso de maduración espiritual.

El primer elemento, muy importante para crecer espiritualmente, está marcado por tus creencias, por tu fe en Dios como fuente inagotable de sabiduría para acompañar tus pasos en la vida. Es imprescindible esta conexión para realmente obtener el poder que necesita nuestro espíritu, de lo contrario, es como pretender andar en un automóvil sin gasolina. No podrás llegar a ningún lugar.

El segundo elemento se orienta a asimilar dentro de tus pensamientos, valores y coordenadas esenciales para nutrir tu propio espíritu y para definir tus relaciones familiares, sociales, de trabajo y de pareja. Esto nos indica la necesidad de reforzar valores como la honestidad, la dignidad, la integridad, la compasión, la responsabilidad y el compromiso.

El tercer elemento lo define el equilibrio en las emociones, adoptando una manera de sentir proporcionada ante las circunstancias y las tormentas a las que la experiencia de la vida nos somete, logrando así sentirnos esperanzados ante un futuro de cambio y progreso.

El cuarto elemento lo representa el amor, el afecto que mueve los hilos de tu existencia. Es el máximo sentimiento con el que le pones un sello magistral a tu espíritu. Es el canal conductor por excelencia para la búsqueda del mayor propósito de vida: dar y recibir amor.

Con la incorporación de estos cuatro elementos a tu vida lograrás encaminarte en un proceso de maduración espiritual que te permitirá ser más acertado a la hora de enfrentar las circunstancias para alcanzar mayor bienestar espiritual.

También lograrás una mejor armonía en el desarrollo y mantenimiento de tu cuerpo y en la claridad e inteligencia de tu mente.

Consecuencias negativas por la ausencia de maduración espiritual

1. Generar emociones fuera de control, recurrentes y extremadamente negativas tales como la ira, la tristeza y el resentimiento, entre otros.

2. Crear condiciones para el sufrimiento personal y para el de quienes te rodean.

3. Perder la habilidad que puede existir en cada individuo para serenarse y ser emocionalmente sanos.

4. Adoptar un proceso en el que desplazas tu confianza, estabilidad y serenidad para conducir tu propia vida.

Un espíritu fuerte es la expresión de un ser humano consistente con la gracia de Dios y con el propósito de desarrollo personal que debe animarnos a nosotros mismos y a quienes nos rodean.

Recordemos siempre que:

- El espíritu se nutre de la sabiduría de Dios y de las emociones positivas que tú atesores, y esto es clave en el bienestar emocional.

- Los momentos de entusiasmo y de decaimiento son inevitables en la vida, con un espíritu maduro podrás conseguir el equilibrio de los mismos.

- Tu madurez espiritual te reportará ganancias en tu fuero interior y te permitirá llevar a otros mensajes positivos.

- La belleza más sublime del ser humano está en lo que representa su corazón y su espíritu.

Reafirma tu integridad y protege tu dignidad cuando el descontrol te afecte

Las emociones descontroladas son como una plaga, reproducen los daños, los diversifican y los intensifican de una manera insólita. En el transcurso de la historia hemos sido testigos de las caídas de grandes líderes mundiales como consecuencia de un control inadecuado de sus emociones. El dominio de uno mismo y el compromiso solidario, caracterizan los modelos éticos que deben influenciar nuestro movimiento hacia la búsqueda de mejores condiciones de vida.

El compromiso solidario se basa en la sensibilidad, la empatía y la capacidad para interpretar las emociones y las necesidades de los demás; por lo tanto, si obviamos el compromiso solidario no seremos aptos en nuestras conexiones sociales, lo que podría derivar en aislamiento e indolencia. Del mismo modo, si no somos capaces de dominar nuestras propias emociones, tema que trato en mi libro *La belleza de saber vivir*, no podremos coordinar convenientemente la relación que existe entre el espíritu, el carácter y la moral innata.

No podemos olvidar que al poner en práctica el valor de la dignidad como factor clave en la mejora de la calidad de vida, reconquistamos el terreno perdido en el que se generan y consolidan grandes injusticias y arbitrariedades. Estas menoscaban, poco a poco, la dignidad del ser humano y ponen en peligro la paz de la humanidad. Las bases de una sociedad más justa y digna, se edifican a través de la paz, pero para que exista esta, debe haber un bienestar colectivo y para que haya bienestar colectivo, necesitamos crear y defender procesos fundamentados en la paz. La dignidad, como podemos ver, trae grandes bondades y nos aleja del egoísmo, la miseria, la destrucción y la traición a los principios elementales del corazón humano.

Ahora bien, la práctica personal de la dignidad en cada uno de nosotros es un reto en nuestra vida diaria y es el reflejo de las bases de una personalidad bien estructurada y de un espíritu sano. Muchas personas sienten perdida su visión acerca de la dignidad que como ser humano necesitan consolidar y proyectar cada día. Esto ocurre por diferentes razones, algunas tienen que ver con la cultura familiar y la idiosincrasia del país de origen.

En el caso de las agresiones a la dignidad de la mujer, la mayoría de las veces se fundamentan en el machismo. Otras circunstancias como las injusticias sociales y la discriminación también atentan contra este valor esencial de la humanidad. Pero cualesquiera que sean las razones debemos considerar que nunca serán justificables ni pueden explicarse ni ser aceptadas.

Por eso te invito a repasar estos conceptos, clarificarlos, sin comprometerlos ni negociarlos. Te invito a enfrentar los retos y a emprender tu camino sin miedo, sin confusiones. Disponte siempre a llenarte de fortaleza y voluntad para no perder tu valioso tesoro: tu dignidad personal.

Al enriquecer tu dignidad personal te convertirás en una persona mejor y recibirás grandes ganancias, a saber:

- Alcanzarás un estado de paz interna importante.
- Elevarás tu confianza en ti mismo(a).
- Mejorarás los conceptos de honestidad, personal y hacia los demás.
- Proyectarás una mejor imagen.
- Serás más útil en tu grupo familiar y en tu comunidad.

La dignidad es definitivamente un soporte fundamental para reconducir al ser humano hacia mejores propósitos, en la búsqueda interminable de mejores condiciones para el mundo que soñamos: un mundo mejor.

Cuatro decisiones para empezar a controlar tus emociones

1. Reconoce tus propias emociones

El ser humano se sorprende cuando se abre hacia el reconocimiento, hacia sí mismo. Muchos de nosotros actuamos, vivimos y reaccionamos de acuerdo a los estímulos que recibimos y no prestamos mucha atención para reconocer las emociones que emanan de nuestra naturaleza interna.

La comprensión de quiénes somos nos aclara el camino que debemos seguir para lograr el autocontrol. Por el contrario, la falta de ese reconocimiento nos deja a merced de los huracanes que se puedan desatar. Como ya hemos señalado anteriormente, las personas que desarrollan mayor introspección personal alcanzan sabiduría y certeza para conducir su vida de manera positiva.

2. Conviértete en el mánager de tus propias emociones

Controla tus sentimientos para que sean expresados en la forma más conveniente, controlados por tu voluntad y tu conciencia. Tú mismo eres tu agente de control y necesariamente debes revertir con serenidad, la explosión de emociones para recuperar la calma y enfocarte en alcanzar equilibrio.

3. Adopta estrategias de motivación

Organiza un plan de resultados y durante el proceso para controlar las emociones disfruta de la gratificación, de los logros. La motivación personal y la inspiración son claves en este recorrido. Un apoyo excelente para tu motivación e inspiración lo constituyen otras personas, publicaciones acerca del tema, y el compromiso familiar y social, además de referencias positivas.

4. Mantente conectado con los demás

Mantener una red de relaciones es un medio excelente para distinguir las emociones de los demás y poner en práctica la identificación de sus maneras de reaccionar como fuente de aprendizaje. Al permanecer aislado corres el peligro de ahondar tu propio descontrol y hacerlo crecer.

Y recuerda, acércate a Dios, pídele que te ayude a deshacer las cadenas que te han esclavizado hasta hoy, para así disminuir al máximo tu sombra negativa como en un mediodía radiante de LUZ.

¡Adelante guerrero(a), tú sí puedes!

CAPÍTULO 5

Cerca de la luz

En los primeros cuatro capítulos de este libro hemos compartido acerca de las piedras que adherimos a nuestra personalidad, asimismo identificamos las capas con las que revestimos nuestro ser y que terminan albergando nuestros malos hábitos. Posteriormente, definimos las trabas y las cadenas que nos sujetan, que nos aprisionan y que se relacionan con nuestras propias manifestaciones emocionales que, por desgracia, aumentan más la conflictividad emocional.

Los seres humanos nos descontrolamos con facilidad y todo este entramado de emociones enardecidas nos aleja de nuestra verdadera esencia. En vez de proveernos las condiciones para una vida mejor, nos dirigen por un sendero de empobrecimiento en el espíritu de inmensas proporciones.

El único y verdadero sentido de la vida radica en el equilibrio que se logra con la armonía, dentro del propósito que Dios tiene para cada uno de nosotros. Nuestro gran reto surge de cómo desarrollamos y moldeamos un espíritu guerrero que nos fortalezca ante las pruebas negativas y positivas de la vida.

El más grande desafío espiritual que nos depara la vida es el de saber controlar las emociones, despegándonos del pasado y liberando las amarras a las que permanecemos atados. La receta que nos curará de los mil males de la humanidad es el crecimiento y la madurez espiritual. En esa dirección está el camino que necesitamos tomar para subir a la montaña y demostrarnos que siempre y cuando caminemos hacia la luz, estaremos más cerca de llegar a la cima.

No pretendo que este libro *Lejos de mi sombra, cerca de la luz* se convierta en un manual más de autoayuda. Mi propuesta es que sirva para abrir avenidas para alcanzar riqueza espiritual en tus actos cotidianos, en todo aquello que experimentas en la vida común y corriente. En las actividades sencillas, en la interacción regular con otras personas, incluyendo además de la familia, tus amigos, y la gente en general. También en tu relación con la naturaleza y en el reconocimiento de las maravillas que Dios nos regala todos los días, cada mañana, con la luz del sol.

Debemos saber que lo que brindamos a otros germina de la semilla de un espíritu bien nutrido y bien cuidado a través del amor de Dios y a partir de él, del amor a nosotros mismos. Debemos amarnos, aceptarnos y enfocarnos en alimentar el espíritu, así como cuidamos de nuestro cuerpo y salud. Es imposible brindar a los demás lo que nosotros mismos no tenemos. Es fundamental abastecernos de forma adecuada para que lo que ofrezcamos a los demás sea bueno.

Te sorprenderás de los resultados que obtendrás con el uso de las herramientas útiles y prácticas que hemos visto en este libro, unidas a tu valiosa perseverancia. Te darás cuenta de que la madurez no resulta imposible, por el contrario, solo así te acercarás cada vez más a la luz más brillante que emana de Dios y refleja sombras positivas.

Gozarás de una existencia vivida en plenitud y equilibrio, con las enseñanzas de la Palabra de Dios como guía y la toma en libertad de las decisiones apropiadas para tu vida personal, como consecuencia de la liberación que solo Dios otorga.

El discernimiento espiritual

La naturaleza del ser humano está compuesta por ese ser interior que se puede renovar de día en día y por la naturaleza material que se va desgastando con el paso del tiempo.

> Por tanto, no desmayamos; antes aunque este nuestro hombre exterior se va desgastando, el interior no obstante se renueva de día en día.
>
> —2 Corintios 4.16

Nuestro ser interior está representado por nuestro espíritu. Nuestra habilidad para pensar, sentir y decidir está relacionada directamente con el espíritu.

Pareciera que de forma generalizada, las personas nos enfocáramos prioritariamente en reafirmar y demostrar cómo somos, cómo nos vemos. Nos esforzamos en defender nuestras características de personalidad y también permitimos que nuestras acciones, emociones y expresiones externas regulen, de manera peligrosa, nuestro espíritu. En otras palabras, logramos, de forma errónea, que nuestro comportamiento moldee nuestro espíritu y no lo contrario.

De ser así, nos pueden dominar las emociones descontroladas y toda clase de conflictividad, lo que equivale a permitir que nuestro espíritu enferme gradualmente y muera lentamente. Vivimos con plenitud solo cuando nuestro espíritu trabaja como el decano de nuestra propia vida, cuando unimos magistralmente la fuerza de este motor, con nuestras acciones, con nuestro comportamiento, con nuestra conducta y le aplicamos un necesario control de calidad.

Todos somos responsables de nuestros actos y Dios nos creó libres, pero el discernimiento espiritual es la clave en el proceso del entendimiento cabal de quiénes somos y qué hacemos en este mundo.

¿Qué es entonces el discernimiento espiritual? Es el crecimiento espiritual que se fundamenta en la búsqueda de la verdad y el conocimiento interno en relación con lo que somos. Es el encuentro con tu naturaleza esencial y la incorporación del conocimiento a tu matriz de pensamiento.

El discernimiento viene de la palabra griega *diakrino* y sugiere «elaborar un juicio, hacer una distinción». El discernimiento efectivo es el que nos permite distinguir el bien del mal. En otras palabras, en términos prácticos es desincorporar lo que es perjudicial e incorporar lo beneficioso, sabiendo que nuestra relación directa con Dios lo hace posible. Muy a menudo las personas caen en la trampa de otro discernimiento: el discernimiento mental. Como sabemos, este se refiere a nuestras capacidades intelectuales exclusivamente y constituye un engaño para la luz de tu crecimiento espiritual, porque tiene su base en las habilidades del intelecto y no en las raíces del espíritu.

> Pero el hombre natural no percibe las cosas que son del Espíritu de Dios, porque para él son locura, y no las puede entender, porque se han de discernir espiritualmente.
>
> —1 Corintios 2.14

Pasos para alcanzar el discernimiento espiritual

A veces cambiamos de posición ante la luz del sol porque quema, da calor. Tratamos de refugiarnos o le damos la espalda. En ese momento, delante de nosotros, está nuestra propia sombra reflejada en el suelo. Nos seduce su grandeza logrando apartar del pensamiento el calor que sentíamos producto del sol. A partir de ese momento la sombra nos controla porque ejerce su mando, es nuestro ego que nos aparta de la verdad, nos aparta de la luz. Esto es lo que hacemos en muchas ocasiones cuando la luz de Dios apunta hacia nosotros y nos damos cuenta de cómo va quemando nuestras ideas falsas y negativas, convicciones, pensamientos, hábitos.

Lamentablemente huimos de ese «calor» que da vida, le damos entonces la oportunidad al propio ego de impartir su criterio, de tomar el control. Gobierna así nuestras acciones y apaga nuestra luz quedándonos bajo la sombra.

Por eso es impotante considerar los siguientes pasos:

1. *Enfócate en luchar contra tu propio «ego».* La mayoría de las personas, como hemos visto antes, rinden un exagerado culto a sí mismos. Esta idolatría personal hacia el «yo» es influenciada constantemente por las experiencias vividas y por decisiones que nos alejan de la necesidad de sumergirnos en nuestra propia naturaleza interna. Al practicar la introspección, reconoceremos la autenticidad de nuestro «yo» espiritual, podremos detectar nuestras limitaciones y nuestros dones y el propósito que Dios le ha asignado a nuestras vidas.

Pues aunque andamos en la carne, no militamos
según la carne; porque las armas de nuestra

milicia no son carnales, sino poderosas en Dios para la destrucción de fortalezas, derribando argumentos y toda altivez que se levanta contra el conocimiento de Dios, y llevando cautivo todo pensamiento a la obediencia a Cristo.

—2 Corintios 10.3–5

2. *Establece patrones eminentemente espirituales.* Una de las más grandes retribuciones que el ser humano puede alcanzar es precisamente no esperar recompensas materiales por sus obras. Esto significa que el desarrollo de tu madurez espiritual te permitirá, al mismo tiempo, tener una base sólida en la que tus creencias y valores serán un claro mapa para tu conciencia. Aunque los valores del mundo sean materialistas, nuestra conciencia y conocimiento deben dirigirse al espíritu en primer lugar. El valor material de todas estas cosas, posesiones y pertenencias temporales que nos abruman y aumentan la sombra negativa, debe ser para nosotros secundario.

Ciertamente como una sombra es el hombre; ciertamente en vano se afana; amontona riquezas y no sabe quién las recogerá.

—Salmo 39.6

3. *Ejercita tus «músculos espirituales».* Para que haya discernimiento debes dedicar tiempo para prepararte, entrenarte y estudiar la Palabra de Dios. Tu *coach*, tu entrenador, es Dios y es necesario que consideres entregarte a su plan, sus estrategias, sus recursos y herramientas. Es básica la reflexión, la conducción del pensamiento y la convicción de que alcanzarás la victoria cuando tu espíritu sea el portador de un mensaje para ti mismo y para los demás.

> Pero el alimento sólido es para los que han alcanzado madurez, para los que por el uso tienen los sentidos ejercitados en el discernimiento del bien y del mal.
>
> —Hebreos 5.14

Caminar con el espíritu

Para caminar como es debido necesitamos establecer una relación equilibrada entre nuestro espíritu, mente y cuerpo. Obtendremos además el beneficio derivado de poner en práctica el contenido de nuestro manual espiritual. Como hemos visto con anterioridad cuando tratábamos el tema del discernimiento, este representa la confrontación con la verdad y de esta verdad surgen las definiciones acerca de quién eres realmente.

No puede existir una brecha entre quiénes somos y lo que hacemos. No pueden coexistir dos seres en uno. Los conflictos emocionales nos revelan la existencia de problemas que han originado piedras, capas, trabas y cadenas, que ya hemos identificado y que conducen al descontrol que nos separa de nuestra esencia natural.

La necesidad de vivir íntegramente cobra suma importancia, eliminando los excesos y descalabros para caminar fielmente con tu espíritu. Las pruebas sirven para reconocer nuestras capacidades espirituales. Son la mejor expresión del test, del examen que debemos preparar para entrenarnos espiritualmente. Nos ponemos a prueba para serenar el alma. El sufrimiento y el dolor actúan como reguladores en el forjamiento del carácter. Son grandes maestros en la enseñanza de la vida misma.

> Y no solo esto, sino que también nos gloriamos
> en las tribulaciones, sabiendo que la tribula-
> ción produce paciencia y la paciencia, prueba; y
> la prueba esperanza.
>
> —Romanos 5.3–4

Al caminar lealmente con nuestro espíritu no solo nos podremos enfrentar con fortaleza las pruebas duras derivadas del sufrimiento, también haremos frente a las pruebas que nos traen el bienestar, la prosperidad y el mundo material. Estas también son difíciles de superar porque no las concebimos como tales, y tenemos la falsa creencia de que no necesitamos herramientas o recursos para superarlas. En cualquier caso, tenemos que iluminar los ojos del entendimiento, la sabiduría y la esperanza que son las riquezas que Dios pone en nuestros corazones.

> Y de igual manera el Espíritu nos ayuda en nuestra debilidad; pues qué hemos de pedir como conviene, no lo sabemos, pero el Espíritu mismo intercede por nosotros con gemidos indecibles.
>
> —Romanos 8.26

Tácticas para ejercitarse en el caminar con el espíritu

1. Renuncia a los esquemas de pensamiento derivados exclusivamente de experiencias del mundo. En este proceso tu propio desarrollo guiado por el Espíritu debe colocarse en una instancia superior. Oye tu voz interna y contrasta con lo que percibes de afuera.

> Mas el que escrudiña los corazones sabe cuál es la intención del Espíritu, porque conforme a la voluntad de Dios intercede por los santos.
>
> —Romanos 8.27

2. Adopta la humildad como actitud de vida y descarta la prepotencia y la arrogancia que genera un orgullo desproporcionado.

> Riquezas, honra y vida son la remuneración de
> la humildad y del temor de Jehová.
>
> —Proverbios 22.4

3. Rebélate contra las imposiciones del pasado relacionadas con experiencias fuera de control.

> Hermanos, yo mismo no pretendo haberlo ya
> alcanzado; pero una cosa hago: olvidando ciertamente lo que queda atrás, y extendiéndome a lo
> que está delante, prosigo a la meta, al premio del
> supremo llamamiento de Dios en Cristo Jesús.
>
> —Filipenses 3.13–14

4. Libérate de tus faltas, pide perdón y perdónate para así romper con el círculo vicioso de la culpabilidad.

> ¿Qué Dios como tú, que perdona la maldad, y
> olvida el pecado del remanente de su heredad?
> No retuvo para siempre su enojo, porque se
> deleita en misericordia.
>
> —Miqueas 7.18

5. Nútrete de las bondades, de la libertad que alcanzas con la expresión práctica de un espíritu lleno de optimismo, esperanza y alegría.

> El corazón alegre constituye buen remedio;
> mas el espíritu triste seca los huesos.
> —Proverbios 17.22

6. Agradece constantemente, bendice tu vida y la de los demás.

> Dad gracias en todo, porque esta es la voluntad
> de Dios para con vosotros en Cristo Jesús.
> —1 Tesalonicenses 5.18

El poder de la oración

La oración es fuente de sanación espiritual. Todos los seres humanos necesitamos crecer constantemente y para ello es imprescindible la oración. La oración constituye un canal de comunicación para establecer vínculos directos con nuestro Dios. La oración es el teléfono con el que nos comunicamos y hallamos consuelo y dirección para nuestra vida.

La oración puede llegar a ser una gran experiencia que nos ayuda a liberar los conflictos emocionales a los que estamos sometidos como consecuencia de las pruebas y de no usar las herramientas que Dios nos da o de tergiversar la presencia de Dios en nuestras vidas. El abismo en el que caemos cuando experimentamos situaciones de descontrol emocional daña nuestra relación con Dios. Muchas veces nos desconecta, al punto de desnaturalizarnos y sumirnos en un estado de desequilibrio espiritual.

En los momentos de dolor y angustia, nuestro espíritu herido desconoce la presencia de Dios, critica su poder, piensa que no es amado por Él y esto, al final, nos conduce a la rebeldía y la indisciplina. Los grandes esfuerzos que la vida nos exige, vienen siempre acompañados de grandes sacrificios, de períodos de sequía, de momentos tormentosos que nos agobian, a veces, de manera súbita. Todo este proceso, muy reiterado en ocasiones, moldea nuestro carácter espiritual. Somos como la obra del escultor, golpeados, martillados para ser transformados en una escultura, en una obra de arte.

Escribir sobre el diagnóstico de estas enfermedades del alma es fácil y muchos autores lo hacen. El gran desafío para quienes queremos ayudar a mejorar la calidad de la vida de las personas y defender un estilo de vida integral, radica en cómo curar estas dolencias y carencias, y lograr que un enfermo devastado por la guerra de su existencia se recupere.

Para eso, iniciamos este proceso con nuestro pensamiento y usamos una primera herramienta como el *discernimiento espiritual.* En segundo lugar, nos beneficiamos de la *oración.* La oración es un acto de declaración de nuestra fe, es restauración y nos guía para elevar nuestros pensamientos y deseos a la instancia más importante: la de Dios.

> No cesamos de orar por vosotros, y de pedir que seáis llenos del conocimiento de su voluntad en toda sabiduría e inteligencia espiritual, para que andéis como es digno del Señor, agradándole en todo, llevando fruto en toda buena obra, y creciendo en el conocimiento de Dios.
>
> —Colosenses 1.9–10

Características de la oración

1. Es un acto para declarar verdades de forma pública o privada.

2. Implica un reconocimiento y una reafirmación clara de nuestra relación con Dios.

3. Es una declaración de libertad espiritual.

4. Te fortalece en el Señor y abre un canal para la gracia divina.

5. Te orienta para reconocer tus debilidades, formular el perdón y aceptar e interpretar la adversidad.

6. Exalta virtudes y promueve el amor entre los seres humanos, estimula la gratitud y la generosidad.

7. La oración dignifica la humildad, la integridad, somete la prepotencia y el orgullo.

8. La oración trae maravillosas bendiciones y siempre te acerca a Dios.

La oración es un poder que engrandece tu ser interior. La oración te renueva y te aleja del temor. Para que tu oración llegue hasta Dios tienes que tener verdadera fe en Él, sin dejar lugar a la duda. Lo más seguro es que no lo sepas todo o no lo entiendas todo, pero para tener fe no se necesita conocimiento. Este vendrá con el tiempo, durante el proceso del aprendizaje diario y constante, en la perseverancia de acercarte cada día más a Dios. Sigue adelante en tu proceso de crecimiento espiritual. ¡Tú sí puedes!

La verdadera inteligencia espiritual

El trabajo de cientos de autores, investigadores, científicos y estudiosos de la materia nos ha permitido llegar a saber bastante acerca de la inteligencia y del poder que encierra el conocimiento combinado con los dones de cada ser humano. Se han realizado numerosos estudios del funcionamiento del cerebro que han llevado al desarrollo de diversas teorías y definiciones acerca del coeficiente intelectual y la influencia que tiene en el individuo.

El ser humano aparece como «el gran rey del intelecto». El concepto de la inteligencia se concibe como el gran motor del hombre, donde se concentra «el gran don» que le permite destacar, que no es otra cosa que su inteligencia.

Se enseña que el coeficiente intelectual es lo que puede resolver la vida de las personas. Oímos en ocasiones: «Mientras más inteligente y más preparado estés, mejor te irá en la vida». Pero, paradójicamente, aunque la capacidad intelectual es un regalo exquisito para el ser humano, nos damos cuenta de que las personas más inteligentes no son siempre las que pueden llegar a vivir mejor.

Algunos resultados de estudios e investigaciones que suelo compartir en mis conferencias, apuntan a que muchas de las personas que podríamos considerar «geniales», desde el punto de vista de su inteligencia, son individuos con escaso bienestar personal y espiritual. También se da el caso de personas comunes que llevan una vida equilibrada, pero desarrollan una creciente incapacidad para disfrutar del bienestar espiritual, porque carecen de un espíritu sano y fortalecido.

El triste vacío de las personas se gesta en un espíritu pobre, al que no prestamos la atención correcta. Lo dejamos enfermar o lo dejamos morir porque centramos nuestra atención en nuestras capacidades, en nuestro intelecto, creyendo que así conquistamos el mundo. Esto nos lleva a sentirnos dueños de la verdad y creemos alcanzar un estado de felicidad ideal.

Una de las imágenes que suelo usar en mis conferencias como símbolo de nuestro ser interior es un envase o vasija. De ese modo, trato de explicar y mostrar lo que ocurre con esa parte tan importante y vital de nosotros cuando no está conectada con Dios. También suelo preguntar a los asistentes a mis conferencias y también te pregunto a ti en este momento, si has sentido —quizás siempre o en un tiempo determinado de tu vida—, alguna inquietud profunda que no sabes cómo identificarla. Unos llaman a esa inquietud profunda la necesidad de tener, otros la identifican con la necesidad de alcanzar el logro o el éxito y quizás la mayoría comenta que es la necesidad de conseguir la felicidad.

Lo que sí es cierto, es que esa parte de nosotros siempre está en movimiento y trata de llamar nuestra atención. Es un espacio en lo profundo de cada uno que tiene vida propia aunque estemos desconectados de él y hasta lo ignoremos. Ese espacio es nuestro espíritu. Ese lugar, esa área de nuestra existencia nos llama de continuo a ser mejores. Y ser mejores no necesariamente significa querer tener más o alcanzar más, como a menudo pensamos. Debido a esta confusión tratamos de llenar ese espacio, que pide ser llenado, con la famosa palabra «felicidad». El resultado es que con el tiempo ese espacio comienza a agrietarse y lo que es peor, todo su contenido se empieza a evaporar y nuevamente se vuelve a quedar vacío. Pero, ¿por qué ocurre esto?

El ser humano está muy distraído persiguiendo un concepto idealizado de felicidad, tratando de alcanzar sus metas. No existe nada malo en eso, el problema surge porque el orden está invertido. Primero deberíamos querer ser más, ser mejores cada día, para entonces lograr nuestras metas, porque si no el resultado será que nos sentiremos vacíos. Ese espacio interno que se encuentra en cada uno de nosotros, es para ser llenado con bienestar espiritual. Solo así lograremos sentirnos satisfechos a pesar de los problemas y de los obstáculos que con mucha seguridad tendremos que enfrentar.

Los logros y la felicidad que alcancemos nunca llenarán ese espacio. Es agradable obtenerlos y conseguirlos, por supuesto que sí, pero no estaremos preparados para enfrentar las sacudidas de la vida si no nos llenamos de bienestar espiritual. De este modo estaremos mejor capacitados para la guerra en la que se ha convertido la vida misma, equipados para enfrentarla, creceremos y no nos derrumbarán las batallas. Por el contrario, estaremos en posición de salir victoriosos.

Por esto no debemos recurrir a un concepto idealizado de la felicidad para llenar nuestro propio envase o vasija, la clave está en el concepto de bienestar espiritual. Tu inteligencia no es un cheque en blanco para tu éxito personal. Es parte de los dones que Dios te proporciona, únicamente podrás posicionarte en otro nivel cuando estés dotado de una inteligencia integral, que es la que emana del espíritu que llena Dios con sus enseñanzas y su infinito amor.

Es fundamental entender que todo lo que poseemos como seres humanos: nuestras capacidades, dones, habilidades, etc., se agotan con el tiempo, sobre todo cuando las situaciones difíciles atacan, porque para lograr su desarrollo tenemos que estar conectados con Dios. Como si estuviéramos enchufados o quizás unidos con una conexión *wireless* —sin cable—, que es más acorde con nuestros tiempos. No existe nada en el mundo que se compare a la conexión rápida que podemos lograr con Dios en cualquier momento. Ni siquiera la Internet.

Solo a través de una conexión estrecha con Dios, tu esencia, tus dones, tus emociones y tu pensamiento, podrán proporcionarte gratificación y añadirán fortaleza y sabiduría. Solo así te colocarás en una posición más cercana a la luz y lejos de tu sombra. Únicamente de este modo, Dios bendecirá tu vida y la de los tuyos y te encandilará con el reflejo de la única luz que hará de ti, siempre, un ser humano mejor.

Mirando hacia la Luz

Con frecuencia rehusamos mirar a la luz de frente. Cerrar los ojos es un reflejo natural cuando miramos directamente a una luz poderosa. Si lo intentas comprobarás que tienes que hacer el esfuerzo de mantener tus ojos abiertos y luego al cerrarlos tendrás la imagen de lo que estabas viendo reflejada en tu mente. Esta era la idea de un experimento publicitario que salió hace poco. El concepto del anuncio es tan sencillo como creativo: replicar el fenómeno que sucede cuando nos fijamos en una luz brillante, lo que genera una imagen residual en la retina que dura tan poco unos segundos. En el experimento, una marca de automóvil hace un video donde nunca sale la marca. El público es expuesto a destellos brillantes de luz alrededor del logotipo y solo al final del anuncio, cuando cierran sus ojos, los televidentes ven en su mente la marca del automóvil.

Cuando nuestro espíritu busca la Luz de Dios, se queda impregnado de Su conocimiento. Aunque nos apartemos de mirar la luz por un tiempo, nuestro ser interior sigue conservando la imagen y la huella de la «marca» de Dios. Es entonces cuando nuestro espíritu nos llama de nuevo la atención para seguir buscando la Luz de Dios y mirarla siempre.

Muchas veces reaccionamos frente a la Luz de Dios del mismo modo que los ojos reaccionan ante el brillo de una luz fuerte, por ejemplo la del sol. Cerramos los ojos de forma inmediata cuando miramos directamente a la potente luz, nos cuesta seguir con la mirada fija, nos damos la vuelta, nos alejamos, nos ponemos gafas para que no nos siga «afectando» su intensidad. De una manera u otra buscamos la manera de protegernos del efecto intenso de su luminosidad y al darle la espalda a la luz, solo vemos entonces nuestra propia sombra, que nos deslumbra más que la propia luz que nos permite verla.

Esta reflexión nos lleva a pensar detenidamente en la actitud que tenemos cuando Dios interviene en nuestras vidas. Esta intervención divina puede llegar a través de su palabra en la Biblia, en la Iglesia, en una conferencia, en la calle, en la oficina, en la escuela, en la universidad, en el parque, en el mar, en la montaña, en un viaje, en una boda o fiesta, en una clínica, en la funeraria, en una tienda, en un restaurante, durante la conversación con un amigo o con amigos que nos comparten su testimonio de vida, dentro del grupo familiar, a través de programas de radio, televisión, libros, revistas, películas, Internet, etc. En fin, Dios puede usar cualquier situación especial u ordinaria en nuestras vidas para impactarnos con su LUZ.

A muchas personas les cuesta mantener el corazón abierto para verlo, para escucharlo. Cierran su ser interior cuando son impactados por su mensaje, de la misma manera como se cierran los ojos en respuesta a la intensidad de la luz del sol. La persona entonces se da la vuelta para escapar y ver solo lo que quiere seguir viendo; su misma forma de pensar, lo que estima correcto o incorrecto de lo que ha aprendido durante sus años de vida y considera que así es como debe seguir viviendo.

Ni siquiera se da la oportunidad de apreciar con mayor profundidad la invitación que le hace Dios para obtener una nueva forma, un nuevo estilo de vida. Es entonces cuando el individuo se recrea en su propia sombra y la que ve no es la positiva sino la negativa, la que finalmente le va a dominar. Poco a poco, empieza a arroparse en su propia sombra y esta lo manipula cortando cada día su libertad. Apartándolo de tomar la decisión de cambiar su vida, cortando su posibilidad de ver, de sentir, de pensar, de actuar, de una manera más clara, eficiente, positiva; en resumen, le quita la posibilidad de saber vivir.

Me he dado cuenta que en la medida en que me aparto de mí misma, o sea de mi sombra negativa, más aprecio la Palabra de Dios, entiendo su mensaje y todo mi ser está más atento para ponerlo en práctica logrando el aprendizaje que me permite continuar.

Entonces, aunque caiga y sea doloroso, me levanto más rápido; aunque me equivoque, tardo menos en darme cuenta de mi error; aunque no tenga conocimiento, puedo ir a la Palabra; aunque las cosas no salgan como deseo, mejor entiendo el plan de Dios; aunque la vida tenga obstáculos, estoy preparada; aunque los otros no me expresen amor, me regocijo en el amor de Dios; aunque mis días o años sean cortos, mi eternidad no tendrá fin; aunque existan mil creencias, mi espíritu solo ve a Dios; aunque viva con mi sombra, mis ojos miran la Luz.

Mi deseo es que te sientas de este modo. Nada es fácil, pero todo es posible cuando deseamos estar cerca de la luz. Cuando nos vamos acercando a la luz nos damos cuenta de que también quema, porque arrasa con nuestra sombra negativa, y muchas veces ese calor nos hace detenernos y darle la espalda. Necesitas resistir mientras la luz deshace tu sombra negativa, que puedes haber cargado, quizás por años y años. No detenerte debe ser tu consigna, no mirar hacia atrás, solo fija tus ojos en la luz y sigue adelante.

Recuerda, no te detengas pensando que no puedes continuar caminando hacia la luz, a causa de tus faltas del pasado o porque crees que esa luz no es para iluminarte a ti. Te equivocas. La misericordia de Dios es más grande de lo que nuestra mente puede comprender, solo el espíritu te dejará experimentar esa inmensidad. Nadie sobre la tierra se merece nada de Dios, pero Él con su eterno amor por cada uno de nosotros, está cerca para darnos la oportunidad de reconocerlo en nuestras vidas e iluminar cada espacio de ella. No te dejes vencer por los pensamientos, tuyos o de otros, escúchalo a Él, deja que su luz queme lo malo que está adherido a ti formando tu sombra negativa, permítele sanar tus heridas y engrandecer tu sombra positiva.

Me gustaría compartir una experiencia que puede servirte de ejemplo. Cuando voy al mar, durante el atardecer, dejo que la luz del sol alumbre mi ser y así mi sombra se ve expandida sobre la arena. Al verla me digo: «Así debería ser la sombra positiva de cada ser humano, larga, amplia, para darle cobijo a otros que necesitan refugiarse debajo de ella».

Dios es como el mar, podemos ver su inmensidad, pero no conoceremos, ni sentiremos su profundidad si no nos sumergimos en Él. No tengas miedo de sumergirte en las profundidades de Dios. Allí está todo lo bueno que has estado buscando para tu vida, abre tu corazón para conocer las «buenas noticias» que Cristo tiene para ti y permítele al Espíritu Santo guiar tu vida durante tus años en la tierra.

Considérate un guerrero por estar en el camino que ilumina la luz de Dios. Somos parte de su ejército y solo Él nos puede dar la fuerza para continuar. Recuerda, vamos junto al Vencedor, a cantar victoria.

A partir de hoy no te dejes arropar por tu sombra negativa, continua firme hacia delante. La Luz iluminará el sendero de tu vida y te proyectará la maravillosa sombra positiva, con la que podrás ayudar y cobijar a tus seres queridos y por supuesto, a otras personas a las que podrás ofrecer guía.

Es mi profundo anhelo que este libro sea de gran utilidad para tu vida. Y elevo una oración al cielo pidiéndole al Señor que te ayude a poder decir cada día: «Deseo estar lejos de mi sombra y cerca de la Luz».

Gracias te doy, Papá Dios, por tus bendiciones. Gracias te doy, Padre amado, por guiarme para reconocer mi verdadero yo, fuera de toda sombra negativa. Ayúdame Padre a aprender a discernir y encontrar en la oración la verdad. Sé que me creaste con un propósito maravilloso de bienestar y prosperidad, para poder cantar victoria junto a ti. Sé también que tendré momentos de tormenta y adversidad, solo en ti encuentro la fuerza y el aliento para continuar.

Solo en ti encuentro el canal directo para la gracia divina y para una vida plena, renunciando al descontrol y al conflicto emocional. Te pido, Dios misericordioso, tu protección y que seas siempre mi escudo para vivir en una sana armonía y libertad. Padre, elimina mis piedras, capas, trabas y las cadenas que me esclavizan. Te pido que me ayudes a estar lejos de mi sombra y cerca de tu Luz. Digo todo esto, Papá Dios, en el nombre de tu Amado Hijo, el Señor Jesús, ¡Amén!

¡Adelante guerrero(a), tú sí puedes!

Acerca de la autora

Bárbara Palacios, autora, conferencista y empresaria, es una figura reconocida en América Latina y entre los hispanos de Estados Unidos.

El resultado de sus experiencias como presentadora de televisión y portavoz publicitaria, además del reconocimiento internacional alcanzado como Miss Universo de 1986, la condujeron a convertirse en una figura de referencia para brindar inspiración y orientación a quienes han seguido su trayectoria.

Su poder de comunicación, su carisma y el deseo constante de influenciar positivamente las vidas de muchos seres humanos, la llevaron a ser promotora y defensora de un estilo de vida integral. Sus libros *La belleza de saber vivir* y *Lejos de mi sombra, cerca de la Luz* recogen experiencias y testimonios de una vida aprovechada al máximo y transmiten sus conceptos espirituales y valores familiares a través de una plataforma única de inspiración para impactar la vida de muchos y favorecer el crecimiento personal.

Bárbara esta casada, es madre orgullosa de dos hijos y vive en Estados Unidos.

www.bpinspiracion.com

www.facebook.com/bpinspiracion

www.twitter.com/bpinspiracion

9 781602 556478